AF305811

DJÉMYL-BEN-HASSI

LA

GUERRE DE 1870-1871

AVEC GRAVURES DANS LE TEXTE

ROUEN

MÉGARD ET Cie, IMPRIMEURS - ÉDITEURS

Rue Saint-Hilaire, 136.

BIBLIOTHÈQUE ·MORALE

DE

LA JEUNESSE

—

4° SÉRIE GRAND IN-8° RAISIN

Le ballon faillit tomber au milieu des Prussiens.

LA
GUERRE DE 1870-1871

PAR

DJÉMYL-BEN-HASSI

AVEC GRAVURES DANS LE TEXTE

ROUEN

MÉGARD ET Cie, LIBRAIRES-ÉDITEURS

1894

Propriété des Éditeurs,

LA

GUERRE DE 1870-1871

————~✕~————

I.

Causes et prétexte de la guerre de 1870-1871.

Il est triste de constater avec quelle légèreté — on pourrait presque dire avec quelle inconscience — fut décidée et déclarée par l'empire la désastreuse guerre de 1870, qui devait faire couler tant de sang, accumuler ruines sur ruines et séparer violemment de la mère-patrie l'Alsace et la Lorraine, ces deux provinces qui étaient et demeurent si françaises de cœur et d'esprit.

Le prétexte de la guerre fut des plus futiles, et n'existait d'ailleurs déjà plus — on le verra tout à l'heure — quand elle fut déclarée. Ses causes réelles, plus sérieuses au point de vue dynastique, remontaient à plusieurs années et étaient le résultat direct de la politique hésitante et incertaine du gouvernement impérial.

Depuis la guerre d'Italie, époque où l'empire se trouvait à l'apogée de ses succès et donnait encore l'illusion de la puissance et de la grandeur, le prestige du gouvernement de Napoléon III avait singulièrement diminué d'année en année. L'expédition du Mexique avait coûté beaucoup d'hommes et d'argent dépensés en pure perte; puis, finalement, en présence d'une menace d'intervention des Etats-Unis contre nous, nos soldats avaient dû précipitamment rentrer en France et abandonner à Mexico le malheureux prince, trop confiant dans la parole de Napoléon III, dont nous avions fait un empereur, et qui ne tarda pas, nous partis, à tomber héroïquement devant le peloton d'exécution de Queretaro.

Chose plus grave encore pour la France : pendant que le Mexique absorbait nos ressources militaires, la Prusse prit violemment au Danemark le Schleswig et le Holstein, puis, en 1866, écrasa l'Autriche dans une campagne de quelques semaines, qui se termina par la bataille de Sadowa. Notre intérêt évident était, dans ces deux occasions, d'intervenir diplomatiquement, et au besoin militairement, pour empêcher par tous les moyens le considérable accroissement de puissance qui en fut le résultat pour la Prusse, devenue, après 1866, la tête de la Confédération germanique. Napoléon III le sentait bien; mais, engagé au Mexique, il ne put et ne sut que se livrer à des observations et à des récriminations vagues et sans portée; il se laissa leurrer à plaisir par la

Prusse, qui se gênait d'autant moins, qu'elle sentait bien que la France n'était pas en mesure de prendre efficacement part à la lutte engagée.

Napoléon avait été très froissé et demeurait fort irrité de la situation effacée dans laquelle il avait alors été tenu par la Prusse : il en conservait un vif ressentiment, et l'impératrice encore plus. Espagnole, ardente, orgueilleuse, et en même temps ambitieuse pour son fils, elle sentait que celui-ci n'aurait chance de succéder à son père qu'autant que le prestige de l'empire ne se trouverait pas trop amoindri au moment du décès de Napoléon III. Et ce prestige venait de recevoir deux rudes atteintes : la triste fin de l'expédition du Mexique et Sadowa. Aussi, depuis lors, ne songeait-elle qu'à ce qu'elle appelait *la revanche*, c'est-à-dire à une guerre avec la Prusse — « sa guerre à elle », comme elle l'avait déclaré à maintes reprises — afin de rendre au trône impérial son éclat et son lustre par quelques éclatantes victoires.

On conçoit dès lors que, avec de pareilles pensées, dès que, au mois de juillet 1870, surgit un prétexte susceptible d'amener cette guerre tant désirée, l'impératrice, sans se donner la peine de la moindre réflexion, s'empressa d'agir autant qu'elle le put sur son entourage pour rendre inévitable une rupture avec la Prusse. Elle ne réussit que trop bien.

Ajoutons que l'empire avait encore un autre motif de désirer une guerre. Depuis quelque temps, les idées libérales avaient fait en France de rapides progrès, tels que Napoléon III, sentant son pouvoir fortement ébranlé, avait eu la pensée, pour le raf fermir, de se faire donner pour ainsi dire une nouvelle consécration d'autorité par un plébiscite analogue à celui du début du règne. La nation fut donc directement consultée, et le plébiscite, au mois de mai 1870, donna 7,300,000 *oui* contre 1,500,000 *non*.

Ce résultat sembla, en effet, raffermir l'empire ; mais « le vote de l'armée, dit M. C. Périgot, où l'on constata quarante mille opposants, l'atteignit dans son autorité morale. Ce vote révéla d'ailleurs à la Prusse la faiblesse numérique de l'armée française et l'encouragea à une rupture. Napoléon III pensa qu'un grand succès militaire était indispensable pour ramener l'opinion et lui faire oublier les préoccupations de la liberté par celles de la guerre. La candidature d'un prince prussien au trône d'Espagne lui parut une occasion favorable. Bien que Léopold de Hohenzollern se fût désisté après les premières réclamations de la France, on voulut que le roi de Prusse prît l'engagement pour l'avenir de s'opposer à une candidature semblable. Avec une légèreté inouïe, M. de Gramont, ministre des affaires étrangères, ayant déclaré n'avoir pas reçu de réponse satisfaisante, et le maréchal Lebœuf, ministre de la guerre, affirmant qu'on était prêt à la lutte, la guerre fut déclarée « d'un cœur léger (1) » à la Prusse, le 19 juillet, avec l'assentiment unanime du Sénat et celui de la grande majorité du Corps législatif. »

M. Thiers eut beau se joindre à Jules Favre, à Gambetta et à tous les députés de la gauche, et faire des efforts surhumains pour parvenir à démontrer

---

(1) Expression dont se servit le ministre Emile Ollivier.

que la guerre n'avait plus aucune raison d'être, que la déclarer dans ces conditions serait un crime, et de plus une faute ; car nous n'aurions avec nous aucune puissance européenne. Rien n'y fit. La majorité, docile aux volontés de la cour, ne voulut rien entendre, pas même prendre connaissance des pièces diplomatiques qui, d'après les ministres, semblaient un défi porté à l'honneur national, ce qui était faux, mais aurait pu, si cela s'était trouvé vrai, motiver jusqu'à un certain point l'entrée en campagne : elle vota la guerre comme elle votait toute chose, sans réflexion, et en étouffant toute discussion sérieuse.

« C'est ainsi, a écrit M. d'Andelarre, l'un des députés de cette dernière législature impériale, qui siégeait alors au centre gauche, c'est ainsi qu'une Chambre fut entraînée à voter une guerre terrible, sans armée, sans alliés, sans raison, sans prétexte, ainsi que nous le savions bien, lorsque nous demandions, sans nous lasser, la communication des pièces qu'on nous refusait impitoyablement. »

Car, bien que le maréchal Lebœuf, ministre de la guerre, fût venu affirmer à la tribune que tout était prêt pour une entrée en campagne, que jamais nous n'avions été dans de meilleures conditions pour entreprendre une guerre, rien de tout cela n'était vrai : c'était malheureusement le contraire qui était la vérité.

Rien, rien n'était prêt, ni armée, ni matériel, ni munitions, ni approvisionnements. On ne s'en aperçut que trop tôt.

II.

**Préliminaires. — Wissembourg (4 août). — Frœschwiller-
Wœrth-Reichshoffen (6 août).**

Un an avant la déclaration de guerre, au mois
d'août 1869, le *Journal officiel* avait publié le tableau
suivant de nos forces militaires :

« L'histoire dira avec quelle activité, quelle persé-
vérance, quelle force de volonté, quelle merveilleuse
fécondité de ressources le maréchal Niel, entrant
profondément dans la pensée de l'empereur, est
parvenu à résoudre ce problème, jusqu'alors réputé
impossible, de doubler les forces militaires de la
France, non seulement sans augmenter ses charges
en temps de paix, mais en les allégeant pour les
familles et en diminuant les dépenses du Trésor.

« Rappelons ici ce qui a été fait; le tableau est
assez grand pour se passer de commentaires :

« Une armée de ligne de 750,000 hommes disponibles pour la guerre ;

« Près de 600,000 hommes de garde nationale mobile ;

« L'instruction, dans toutes les branches, poussée à un degré inconnu jusqu'ici ;

« Nos règlements militaires remaniés et mis en rapport avec les exigences nouvelles ;

« Les conditions de l'existence du soldat et de l'officier largement améliorées ; l'avenir des sous-officiers qui ne veulent pas poursuivre leur carrière militaire assuré par leur admission aux emplois civils ;

« 1,200,000 fusils fabriqués en moins de dix-huit mois ; les places mises en état, les arsenaux, un matériel immense prêt à suffire à toutes les éventualités : tous ces grands résultats obtenus en deux années. »

Toute cette pompeuse énumération de nos forces militaires n'existait malheureusement que sur le papier et à l'état d'intention. Rien de sérieux n'avait encore été fait pour la réorganisation de notre armée.

Seuls, les 1,200,000 fusils Chassepot étaient une réalité. Quant aux 600,000 hommes de garde mobile, ils n'avaient jamais été réunis, ni équipés, ni armés, ni à plus forte raison exercés. De plus, le nombre des hommes disponibles sous les drapeaux s'élevait à peine à 240,000, auxquels devaient s'ajouter, il est vrai, les 80,000 soldats en congé à qui il fallait donner le temps de rejoindre leurs corps respectifs. C'était à peu de chose près le chiffre de 332,000 hommes indiqué à tous par le plébiscite comme celui de l'ef-

fectif de l'armée française : les Prussiens le connaissaient exactement, tandis que, mal renseignés, nous
ignorions absolument de quelles masses considérables ils allaient pouvoir se servir contre nous.
Enfin, sauf à Metz, où le maréchal Niel avait fait
commencer la construction de forts détachés, aucune
de nos places fortes de l'Est n'était suffisamment
approvisionnée et armée.

Telles étaient les conditions, non seulement défa-
vorables, mais même désastreuses, au milieu des-
quelles l'empereur se laissa persuader par son
entourage de déclarer la guerre à la Prusse.

Quant à la puissance que nous allions avoir à
combattre et qui entraînait à sa suite la plus grande
partie de l'Allemagne, sa situation militaire était
formidable. En tant que force matérielle, elle avait
sur nous une supériorité immense. Voici, d'après
Henri Martin, les chiffres de ses effectifs résumés
par Rustow : 518,000 hommes de troupes prêtes à
entrer en campagne, infanterie et cavalerie, avec
1,506 canons, contre 285,000 hommes (qui n'étaient
pas tous prêts) et 984 canons. L'Allemagne avait en
plus 161,000 hommes de troupes de remplacement
(réserve); la France n'avait que 91,000 hommes de
troupes de dépôt. L'Allemagne avait 187,000 hommes
de troupes de garnison ; la France, rien, car la garde
mobile n'était pas organisée.

Et notre grand historien national ajoute : « Même
supériorité dans l'esprit et dans la direction que
dans le nombre. Forte cohésion ; solide discipline ;
science profonde des moyens d'action ; esprit d'initiative inspiré à quiconque est chargé du commande-

ment à un degré quelconque ; chef d'armée, chef de corps, chef de détachement, recevait l'indication du but ; à lui de trouver le meilleur moyen de l'atteindre. L'état-major prussien prenait autant de peine pour susciter et développer cette tendance chez l'officier allemand, que l'administration militaire de la France impériale en avait pris pour réduire à une inerte passivité nos officiers et étouffer chez eux la nature française, bien plus spontanée que l'allemande. — L'ordre, l'économie, étaient partout dans l'administration prussienne, comme le laisser-aller, la dissipation, parfois les dilapidations dans notre administration impériale. Aussi la Prusse faisait-elle beaucoup avec peu ; notre gouvernement, peu avec beaucoup d'argent. »

Ajoutons que, dès le début des opérations militaires, l'état-major prussien montra une unité de vues et de direction qui était loin d'exister chez nous, où le temps se passait pour ainsi dire à changer chaque jour d'avis sur ce que l'on voulait faire.

Le gouvernement impérial n'avait songé tout d'abord qu'à une guerre offensive. Il s'agissait dans son intention d'attaquer l'Allemagne de deux côtés à la fois. Pendant qu'une flotte française serait allée dans la Baltique porter un corps de débarquement à Kiel et dans le Holstein, notre armée devait franchir le Rhin et couper l'Allemagne en deux en se jetant entre la Prusse et les Etats du Sud. Ce plan était d'autant plus parfait, que sa réalisation nous eût fort probablement assuré le concours armé de l'Italie et de l'Autriche ; seulement il aurait fallu avoir des soldats pour l'exécuter, et l'on s'aperçut un

peu tard que l'effectif de l'armée française était à
peine suffisant pour faire tête sur un seul point aux
forces réunies de l'Allemagne. Il fallut donc y renoncer. On se résigna alors à subir une campagne
défensive.

Ne pouvait-on donc point réellement tenter, au
début des hostilités, quelque offensive hardie, ma-
nœuvre qui convient si bien au caractère français,
et qui aurait peut-être pu nous sauver de l'invasion?...
Henri Martin juge que c'était encore possible.

« Si l'on ne peut passer le Rhin ni pousser en
Bavière, dit-il, on pourrait au moins se jeter sur les
provinces de la rive gauche, en ôter les ressources
aux Allemands et empêcher leurs armées de venir
s'y concentrer à leur aise. Nos adversaires le craignaient à Berlin. On n'essaye pas. On perd le temps
en vaines discussions à Metz. Le maréchal Niel avait
laissé un plan de campagne où trois armées se se-
raient reliées et entre-soutenues; on ne le suit pas;
on décide qu'on n'aura qu'une seule armée sous le
commandement de l'empereur. On a sous la main
plus de 200,000 hommes, qui devront grossir sous
peu de jours jusqu'à 250 ou 260,000. C'eût été jadis
une très grande armée; c'est encore une force res-
pectable; on veut apparemment la concentrer. Point
du tout! On l'éparpille sur quatre-vingts lieues de
pays, de Thionville à Belfort! Dans quel but? On n'en
a pas, ou l'on en change tous les jours. L'empereur
avait rêvé une campagne offensive; ce rêve évanoui,
ni lui ni son entourage ne trouvent rien et ne savent
ce qu'ils feront. Ceci caractérisé par un fait étrange:
on regorge de cartes des frontières allemandes; on

n'a point de cartes des frontières françaises ; en sorte
que, lorsque les ennemis entameront notre territoire, ils en connaîtront les moindres détails au
moyen des cartes dont ils sont si bien pourvus, et
nos chefs, chez nous, ne sauront trop souvent où ils
sont, ni comment se diriger. »

Nous venons de voir que l'empereur, qui avait
pris le commandement en chef des opérations, avait
espacé nos divers corps d'armée sur une immense
étendue de terrain, de Thionville à Belfort. Au lieu
de masser ses forces en une ou deux armées suscep-
tibles d'opposer une énergique résistance à l'attaque
de l'ennemi, puisqu'on se résignait à la guerre défensive, Napoléon III les avait, en effet, divisées en
sept faibles corps de trente à quarante mille hommes
chacun, et ceux-ci, à la fin du mois de juillet, occupaient par son ordre les positions suivantes :

Trois, commandés par le maréchal Bazaine, les
généraux Frossard et Ladmirault, se tenaient autour
et en avant de Metz ;

Un, sous les ordres du général de Failly, était
campé auprès de Bitche ;

Deux, qui avaient à leur tête le maréchal de Mac-
Mahon et le général Félix Douay, se trouvaient entre
Strasbourg et Belfort ;

Le septième, commandé par le maréchal Lebœuf,
major général, servait d'escorte à Napoléon III et
demeurait à Metz, quartier général de l'empereur.

Enfin, un corps de réserve avait été, au camp de
Châlons, mis sous le commandement du maréchal
Canrobert.

Voilà quelle était la disposition des troupes françaises au moment où les hostilités allaient commencer, le 2 août, par l'escarmouche de Sarrebrück.

Quant aux Allemands, au lieu de disséminer leurs forces, ils les avaient au contraire, et avec le plus grand soin, concentrées en trois fortes armées échelonnées sur leur frontière. Aussi ces masses bien dirigées purent-elles, dès le début, et en agissant rapidement, écraser successivement nos divers corps, à qui elles ne laissaient pas le temps de se rejoindre et de se soutenir. Ces armées se trouvaient le 1er août prêtes à entrer en campagne : la première, sur la Sarre, commandée par le roi Guillaume en personne; la deuxième, à Mayence, sous les ordres de son neveu Frédéric-Charles; la troisième, à Rastadt, avec le prince royal de Prusse pour commandant en chef : cette dernière était composée des contingents fournis par l'Allemagne du Sud.

Napoléon III était parti, le 28 juillet, de Saint-Cloud sans aucun apparat, pour aller prendre le commandement de l'armée. Peut-être se rendait-il maintenant compte de la faute criminelle que venait de commettre son gouvernement en déclarant la guerre sans y être mieux préparé. La proclamation suivante, qu'il adressa aux troupes en arrivant à son quartier général, à Metz, pourrait le faire croire :

« Soldats,

« Je viens me mettre à votre tête pour défendre l'honneur et le sol de la patrie.

« Vous allez combattre une des meilleures armées de l'Europe; mais d'autres, qui valaient autant qu'elle, n'ont pu résister à votre bravoure. Il en sera de même aujourd'hui.

« La guerre qui commence sera longue et pénible, car elle aura pour théâtre des lieux hérissés d'obstacles et de forteresses ; mais rien n'est audessus des efforts persévérants des soldats d'Afrique, de Crimée, de Chine, d'Italie et du Mexique. Vous prouverez une fois de plus ce que peut une armée française animée du sentiment du devoir, maintenue par la discipline, enflammée par l'amour de la patrie.

« Quel que soit le chemin que nous prenions hors de nos frontières, nous y trouverons les traces glorieuses de nos pères. Nous nous montrerons dignes d'eux.

« La France entière vous suit de ses vœux ardents, et l'univers a les yeux sur vous. De nos succès dépend le sort de la liberté et de la civilisation.

« Soldats, que chacun fasse son devoir, et le Dieu des armées sera avec nous !

« NAPOLÉON.

« Au quartier impérial de Metz, le 28 juillet 1870. »

Malheureusement, l'arrivée de l'empereur à la tête de nos troupes ne modifia en rien les façons de faire adoptées jusqu'alors ; elle ne fit que devenir un surcroît d'embarras, à cause de tous les bagages et de la foule de serviteurs inutiles et encombrants que le souverain traînait à sa suite. L'indécision des premiers jours s'accentua d'ailleurs de plus en plus. Pendant que tous les mouvements de l'ennemi se succédaient avec une précision mathématique, les nôtres étaient d'une continuelle et désespérante incohérence. Ordres, contre-ordres, marches et contre-marches, ne cessaient de fatiguer et de dégoûter nos troupes.

« N'ayant aucune opération sérieuse en vue, on voulut avoir l'air de faire quelque chose. On déploya tout un corps d'armée, soutenu par trois autres, pour chasser un petit détachement ennemi de Sarrebrück, ville ouverte, où l'on entra et d'où l'on ressortit sans pousser plus avant (2 août). Cette escarmouche insignifiante fut célébrée par les journaux impérialistes comme une brillante ouverture de campagne ; on fit grand bruit d'un télégramme où l'empereur annonçait à l'impératrice régente que le prince impérial avait reçu « le baptême du feu ; qu'il « conservait une balle tombée tout près de lui, et « que des soldats pleuraient en lui voyant ce sang- « froid admirable. »

Telle fut la façon dont débuta le sombre et lugubre drame dont les sanglantes péripéties allaient se dérouler pendant six mois dans nos départements envahis.

Après avoir minutieusement arrêté toutes ses dispositions dans son quartier général de Landau, le prince royal de Prusse, commandant de la troisième armée allemande, fit, le 4 août, franchir la Lauter à son avant-garde, qui pénétra en Alsace.

A cet endroit de notre frontière, il n'avait devant lui que le corps du maréchal de Mac-Mahon, et encore celui-ci avait-il dans ses instructions la recommandation de ne pas bouger de ses positions avant le 7 août, tant au quartier général français on était loin de prévoir une attaque aussi rapide de la part des Allemands. Pourtant, le maréchal, mieux informé à cet égard, avait envoyé en avant, à Wissembourg où se trouvaient accumulés de grands approvisionnements, une de ses divisions, commandée par le général Abel Douay. Malheureusement, celle-ci, dans cette situation hasardeuse, très éloignée du corps du maréchal, ne sut pas s'éclairer suffisamment. Une reconnaissance de cavalerie, fort mal faite le 4 au matin en avant de Wissembourg, ne fournit au général Douay aucun renseignement sur la marche de l'ennemi.

Celui-ci s'avançait cependant par les hauteurs boisées qui s'étendent de la frontière jusqu'auprès de Wissembourg; il arrivait sur nos troupes, et celles-ci, qui ne s'en doutaient guère, ne prenaient aucunes dispositions pour le recevoir.

La division Douay était donc campée à l'extrême frontière de la France, racontent MM. G. Debras et E. Dupuy, à qui nous empruntons les quelques lignes qui suivent, sur cette mémorable colline de Geissberg illustrée par la victoire de Hoche sous la première République. On domine, de cette hauteur, Wissembourg et le cours de la Lauter; cette rivière est bordée de bois épais que le général français avait négligé de faire suffisamment explorer par ses reconnaissances. Il ne s'était pas douté que, dans la nuit du 3 au 4 août, près de 100,000 hommes avaient bivouaqué dans les bois de la Lauter. Grande fut sa surprise lorsqu'il entendit le canon tonner sur Wissembourg et lorsqu'il vit éclater au milieu de ses troupes des obus lancés des hauteurs de Schweigen.

Les soldats faisaient la soupe ; ils courent aux armes dans le désordre d'un camp surpris par l'ennemi.

Le général Douay détache à la hâte une partie de ses forces et les envoie au secours des régiments laissés dans Wissembourg. Mais que peuvent 9,000 hommes contre 90,000 Allemands qui débordent sans cesse des bois et menacent d'entourer d'un cercle de fer cette poignée de soldats ? Le brave général, désespéré, dit-on, de s'être laissé surprendre, se précipite au-devant de la mort, léguant à ses soldats un exemple sublime, mais inutile. Wissembourg reste aux mains de l'ennemi ; il y avait eu un sanglant combat dans les rues, où les gardes nationaux avaient rivalisé de bravoure avec les troupes régulières. Deux fois les turcos, emportés par un élan irrésistible, avaient enfoncé les bataillons prussiens et leur avaient pris des canons ; deux fois sous un ouragan de mitraille ils avaient été ramenés en arrière ; il fallut enfin cesser cette lutte inégale et reculer ; on laissa entre les mains des Allemands un canon et 500 prisonniers, et, sur le champ de bataille, 2,000 morts ou blessés. Les troupes se rallièrent sur le col du Pigeonnier, qui commande la ligne de Bitche. La valeureuse division Douay s'était battue pendant huit heures sans recevoir de secours.

Le général Pellé, qui avait pris le commandement de la division, après la mort du général Abel Douay, parvint à opérer sa retraite sur le gros du corps d'armée, à la faveur de terrains accidentés et boisés.

« La nouvelle de ce premier échec émut l'empereur et son entourage. On s'avisa, un peu tard, de

Le général DOUAY.

partager l'armée entre deux grands commandements : les trois corps qui étaient en Lorraine furent confiés à Bazaine, l'empereur gardant immédiatement sous ses ordres la garde et les réserves ; les 5e et 7e corps furent réunis au 1er corps sous Mac-Mahon. Réunion sur le papier ; en fait, le gros du 7e corps était entre Belfort et Mulhouse, et une seule de ses divisions put joindre Mac-Mahon le 5 août. Quant au 5e corps, son chef, le général de Failly, était à Bitche avec une division ; les deux autres divisions étaient encore vers Sarreguemines. La première, seule, était en mesure de rallier Mac-Mahon le 6, en marchant de nuit. » (Henri MARTIN.)

Quant à Mac-Mahon, il se tenait toujours à Frœschwiller, dans une bonne position, attendant le choc du prince royal, mais sans se douter qu'il allait avoir affaire à des masses considérables, bien supérieures comme effectif à son petit corps d'armée.

Le chemin de fer de Strasbourg à Bitche se trouvant menacé par l'invasion, le maréchal avait pris position en avant de Frœschwiller, dans la direction de Reichshoffen. Ce fut là que l'attaqua le prince royal et qu'eut lieu cette terrible bataille de Frœschwiller, que l'on désigne aussi sous les noms de Wœrth ou Reichshoffen.

C'était le 6 août, dit M. Adolphe Michel (*la troisième République*), à qui nous empruntons la relation de cette journée désastreuse pour nous, mais glorieuse entre les plus glorieuses pour nos soldats, dont l'héroïsme ne s'est pas démenti un seul instant, et qui n'ont succombé qu'écrasés par le nombre de leurs adversaires ; « le maréchal de Mac-Mahon était à Frœschwiller, occupant les collines qui dominent le cours de la Sauer : il avait à son extrême gauche Langensulzbach, et Morsbronn à son extrême droite. L'aile gauche de son armée, formée de la division Ducrot, s'étendait de Neehwiller à Frœschwiller, faisant face à la route de Lembach, par où l'ennemi devait déboucher ; au centre, la division Raoul, placée sur les coteaux boisés situés entre Frœschwiller et Elsasshausen, se trouvait en présence de la petite ville de Wœrth, bâtie sur les bords de la Sauer ; la division de Lartigue formait l'aile droite, d'Elsasshausen au village de Morsbronn ; en arrière étaient placées la division Conseil-Dumesnil et la division Abel Douay, maintenant division Pellé, renforcées de la grosse cavalerie des généraux Septeuil, Bonnemain, Michel et Nansouty. Les 8,000 soldats du général Abel Douay s'étaient battus à Wissembourg contre 90,000 Allemands ; les 25,000 hommes de Mac-Mahon, à Wœrth, allaient engager la lutte contre 160,000.

« Dans la nuit du 5 au 6 août, l'armée allemande, partie de Wissembourg, avait occupé les hauteurs de la rive gauche de la Sauer. Le 2ᵉ corps bavarois s'était rapproché de Langensoulzbach par la route de Lembach ; le 5ᵉ corps prussien était arrivé au village de Preuschdorf, à une lieue de Wœrth ; le 2ᵉ corps s'était établi sur les hauteurs de Gunstett avec son artillerie. La cavalerie fut disposée en arrière, sur la route de Soulz à Wœrth.

« Le combat commence le 6 août, à l'aube, par une violente fusillade entre les tirailleurs bavarois et les avant-postes de la division Ducrot. Bientôt le feu

est ouvert sur toute la longueur du front des deux
armées. Le bruit sourd de l'artillerie se mêle au cré-
pitement de la fusillade. Sur les coteaux boisés de
Gœsdorff et de Gunstett, les Allemands ont disposé
des batteries qui lancent des obus dans le camp
français, par-dessus le vallon.

« Vers huit heures, le but de l'armée ennemie se
dessine : cette armée veut franchir la Sauer, entre
Elsasshausen et Wœrth, et couper l'armée française.
Une colonne d'infanterie du 5ᵉ corps passe la rivière
pour attaquer Elsasshausen; elle est repoussée avec
vigueur. Deux fois Wœrth est enlevé par les Allemands et deux fois il est repris par les soldats des
divisions Raoul et Lartigue. Jusqu'à midi, l'avantage
est à l'armée française; mais, tandis que les troupes
de Mac-Mahon s'épuisent, tandis que le 5ᵉ corps de
Failly, que l'on attend toujours, ne vient pas, les
Prussiens ne cessent de recevoir des renforts : des
trains de chemin de fer versent des troupes fraîches
à deux pas du champ de bataille; ainsi accourent
tour à tour la division Schatmeyer, qui se place à
Gunstett, sur la gauche du 5ᵉ corps prussien; le
général Bosc, qui amène le reste du 11ᵉ corps; la
division Gersdorff, qui vient prêter main-forte aux
troupes très compromises dans la lutte avec les divisions Raoul et Lartigue, et enfin l'avant-garde des
Wurtembergeois, qui décida de la journée. L'artillerie allemande s'était renforcée dans les mêmes
proportions et avait pris sur la nôtre un avantage
très marqué.

« Il est une heure; plus de 60,000 hommes ont
été engagés du côté de l'ennemi sans que le résultat

désiré ait été obtenu. L'arrivée des Wurtembergeois décide un nouvel effort. Toute une armée sort des bois de Wœrth, se précipite sur cette ville, qu'elle emporte, et pousse une vigoureuse attaque sur Frœschwiller. La division Raoul, admirable de ténacité, défend pied à pied le village et les jardins qui l'entourent; mais comment résister à ces masses toujours grossissantes? Le brave général Raoul vient d'être frappé mortellement; une partie de l'artillerie est démontée, les munitions font défaut **aux mitrailleuses**. A droite, vers Elsasshausen, les divisions Lartigue et Conseil-Dumesnil faiblissent; le centre et la gauche de l'armée française sont menacés d'être cernés.

« Le maréchal de Mac-Mahon, la mort dans l'âme, cherchant sans cesse à l'horizon le général de Failly qui n'arrive pas, ne peut plus se faire illusion sur le sort de la journée. Il ne lui reste plus qu'à sauver la gauche et le centre, qui vont être enveloppés, écrasés ou forcés de mettre bas les armes. Il ordonne alors aux lanciers et aux cuirassiers de charger l'ennemi. Ces braves vont mourir presque tous, mais ils sauveront la France.

« On s'arrête avec respect devant ces héros du sacrifice.

« Au signal donné, lanciers et cuirassiers s'élancent a travers un terrain accidenté, coupé de houblonnières, parsemé d'arbres derrière lesquels s'abritent les tirailleurs allemands. Avant d'arriver à leur but et d'avoir pu frapper, les intrépides cavaliers sont fauchés par les balles et les obus. Aux premières décharges le sol est jonché de leurs cadavres; ils se

reforment, chargent avec une impétuosité désespérée qui fait l'admiration et la terreur des Allemands ;
mais en un clin d'œil ils sont dispersés, foudroyés,
anéantis ; la plus grande partie de l'armée a pu du
moins battre en retraite.

« A trois heures, Frœschwiller est aux mains de
l'ennemi, et les débris de l'armée de Mac-Mahon
s'écoulent en désordre par la route de Reichshoffen à
Saverne.

« Nous avions perdu 5,000 hommes tués ou blessés, 8,000 prisonniers, trente canons, six mitrailleuses, deux drapeaux : la lutte avait duré onze
heures. Du côté des Allemands, en tués ou blessés,
les pertes étaient à peu près les mêmes. »

A la fin de la journée, quand la bataille était déjà
perdue pour nous, au moment où l'ennemi pressait
avec le plus d'acharnement nos troupes débandées,
il fut tout à coup arrêté par la canonnade et la fusillade de la division de notre 5e corps, qui était partie le matin de Bitche : elle arrivait juste à point
pour protéger les débris de l'armée de Mac-Mahon ;
elle gagna avec eux les défilés des Vosges, que l'on
traversa, sans tenter de les défendre, avec des troupes
désorganisées. L'Alsace entière se trouvait ainsi
ouverte à l'invasion.

Les vaincus du 6 août — à part quelques milliers
de soldats rejetés vers le Rhin et qui gagnèrent
Strasbourg — arrivèrent, par une marche forcée, à
Saverne le 7 au matin. Le 10, ils étaient à Lunéville.
L'on avait si bien perdu la tête en ce cruel moment,
que l'on ne songea pas à faire sauter derrière nos
soldats les tunnels du chemin de fer à Saverne et à

Phalsbourg, oubli regrettable qui permit plus tard aux Prussiens d'amener fort aisément jusque sous les murs de Paris leur grosse artillerie de siège.

Avec les deux divisions qui lui restaient, le général de Failly rejoignit Mac-Mahon à Sarrebourg et le suivit à Lunéville. « La marche rétrograde des 1er et 5e corps, qui cessaient d'être l'armée d'Alsace, découvrait entièrement le flanc droit de l'armée de Lorraine. C'était l'empereur lui-même qui en avait envoyé l'ordre à Mac-Mahon et à de Failly. Il leur prescrivait de se retirer sur le camp de Châlons. »

Ce fut là, en effet, qu'ils se rendirent pour se réorganiser.

III.

Forbach-Spickeren (6 août). — Borny (14 août). — Rezonville (16 août). — Saint-Privat-Gravelotte (18 août).

Le jour même où Mac-Mahon était écrasé à Frœsch-willer par l'armée du prince royal de Prusse, notre 2ᵉ corps d'armée essuyait en Lorraine, entre Forbach et Spickeren, une défaite qui, sans être comparable à celle de notre corps d'Alsace, n'en était pas moins un échec assez sérieux pour obliger le général Frossard à effectuer en toute hâte sa retraite sur Sarre-guemines et Metz.

Nos dispositions n'avaient pas été mieux prises en Lorraine qu'en Alsace. « Tout en donnant un commandement nominal au maréchal Bazaine (nommé le 5 août général en chef de l'armée de Lorraine), l'empereur gardait une vague suprématie qui lui servait, non pas à diriger, mais à empêcher toute direction par ses indécisions. Les quatre corps, y compris la garde, étaient mal distribués et mal reliés. Le plus exposé était le 2ᵉ corps, sous le général Frossard. »

C'était ce corps, on s'en souvient, qui, le 2 août, avait pénétré en Allemagne pour se livrer à l'escarmouche de Sarrebrück, où le prince impérial avait reçu le baptême du feu. Mais le général Frossard ne tarda pas à constater que les masses allemandes qu'il avait en face de lui interdisaient à sa faible troupe de persister dans l'offensive. Se trouvant trop en flèche, il informa notre quartier général qu'il serait plus prudent de se porter sur les hauteurs, aux environs de Forbach, et le 5 août il se replia sur cette ville, pour y attendre des renforts qu'il demanda en toute hâte à Bazaine et à Ladmirault.

Dès le lendemain, l'avant-garde de la première armée allemande occupait dans la matinée les hauteurs de Sarrebrück, que les Français venaient d'abandonner, et les premières divisions du général en chef von Steinmetz vinrent attaquer Frossard entre Forbach et Spickeren. Elles furent reçues sans broncher par nos soldats, qui les culbutèrent et les tinrent en échec pendant toute la première partie de la journée. Mais dans la soirée, les Allemands, recevant constamment des renforts, finirent par contraindre nos soldats — qui luttaient maintenant un contre trois — à battre en retraite, malgré tous leurs prodiges de valeur : le général français n'avait reçu aucun secours efficace des autres corps de l'armée de Lorraine ; et cependant Bazaine entendit toute la journée le bruit du canon.

Ce fut vers sept heures et demie du soir que les Prussiens, qui venaient de recevoir encore de nouveaux et puissants renforts, se décidèrent à un suprême effort pour déloger de Styring, du côté de Forbach, la poignée de Français qui s'y maintenait toujours.

Pendant que leur artillerie canonne les nôtres sans relâche, ils font charger par leur cavalerie les débris de nos bataillons, afin de préparer l'attaque de leurs colonnes : c'est en vain ; la cavalerie prussienne est mise en déroute par nos 7ᵉ et 8ᵉ batteries d'artillerie, vivement dirigées contre elle par le colonel Beaudoin, qui est félicité sur le champ de bataille par le général Frossard.

Sur ces entrefaites, la nuit arrive, et la canonnade des Allemands redouble. Forbach est tourné sur notre gauche ; il ne nous reste plus qu'à battre en retraite. Celle-ci cependant ne commence qu'après un dernier et énergique effort tenté par un millier de soldats de la division Vergé, qui, par une meurtrière fusillade, contiennent encore pendant une demi-heure les Allemands, surpris de cette résistance acharnée.

En somme, la nuit venue, les Prussiens n'ont pu nous déloger ni de Styring, ni de Spickeren ; mais nos soldats sont épuisés, les munitions manquent, et nous ne pouvons plus songer à nous y maintenir.

Forbach, qui, pendant toute la journée, n'avait pu être gardé et défendu que par une compagnie du génie et un détachement de dragons ; Forbach, nous venons de le voir, venait d'être tourné et recevait les obus prussiens qui l'incendiaient de tous les côtés.

Le général Frossard dut se résigner à faire effectuer la retraite.

Ainsi, dans la même soirée, Frossard était en retraite sur Metz et Mac-Mahon sur Nancy et Châlons ; de Failly, qui avait erré toute la journée du 6 entre Wœrth et Forbach, n'essaya pas de défendre la route de Bitche, et se retira en désordre jusque sur Vitry.

La Lorraine et l'Alsace se trouvaient en même temps ouvertes à l'ennemi et étaient aussitôt envahies.

« Il n'y avait pas là (à Forbach-Spickeren) un désastre comparable à Frœschwiller, dit Henri Martin ; mais ce n'en était pas moins un échec grave en lui-même et par le manque d'union, de force morale, de volonté, et surtout de confiance, qu'il révélait dans le commandement. Frossard n'avait su ni se défendre, ni appeler du secours à temps, et Bazaine, blessé de ce que l'empereur ne lui donnait qu'une apparence de généralat en chef, s'était abstenu de l'initiative qui nous eût donné une victoire au lieu d'une défaite. Les conséquences de notre double revers furent bien pires que les revers eux-mêmes. »

Le corps décimé de Frossard ne se retirait nullement en déroute, mais en ordre, pied à pied, furieux de l'échec subi, et avec l'espoir de prendre bientôt une éclatante revanche.

Dans ces conditions, rien n'était encore absolument perdu pour la France ; il suffisait d'un chef suprême énergique et capable donné à de pareils soldats pour réparer les premières fautes et contenir l'invasion. Ce fut le cri général de l'opinion publique en présence des hésitations continuelles de l'empereur, qui trahissaient une inexpérience absolue de la conduite des armées, et cette même opinion publique désignait Bazaine comme le chef capable et résolu nécessaire dans la situation où l'on se trouvait.

La mesure qui, depuis le 6 août, avait mis sous les ordres du maréchal les quatre corps réunis en Lorraine, mais en laissant au souverain la direction générale des opérations militaires, n'avait, en effet, donné à l'opinion qu'une satisfaction incomplète. Aussi, « sous la pression du sentiment général, et d'après les conseils mêmes de son entourage, l'empereur, abdiquant officiellement tout pouvoir, se décide-t-il, le 12, à investir le maréchal du commandement suprême de l'armée du Rhin, en plaçant sous sa direction les corps qui allaient se réunir au camp de Châlons, sous les ordres du maréchal de Mac-Mahon. »

Mais laissons un instant la parole à notre grand historien national, qui apprécie en ces termes les événements des quelques jours qui suivirent le 6 août :

« La première pensée de Napoléon III, dit-il, avait été une retraite générale sur Châlons. Le général Trochu avait écrit à ce sujet, le 10 août, une remarquable .ettre à un aide de camp de l'empereur : « Si « vous tenez trop longtemps devant Metz, il en sera « de cette armée..., comme il en a été du 1er corps, « qui a péri après de si magnifiques preuves. » Le général Trochu ne voyait que trop clair.

« L'empereur et ses conseillers avaient, au contraire, décidé, le 8, de rester sous Metz, mais sans plan, sans idée, sans appeler à eux Mac-Mahon et tout ce qui était sorti de l'Alsace pour une concentration générale, comme ils eussent dû le faire, s'ils entendaient jouer devant Metz le sort de la France. Ils étaient sans plan, mais non pas sans motifs ; ils en avaient deux ; ils craignaient l'opinion, s'ils battaient en retraite, et ils connaissaient et même s'exagéraient le mauvais état de la place de Metz.

« Le 12 août, cependant, nouveau changement et retour au projet de marche sur Châlons.

« L'ennemi opérait comme l'avait annoncé Trochu. Après son double succès du 6 août, il avait employé quelques jours à se remettre en ordre et à se renforcer de nouvelles troupes arrivées d'Allemagne ; puis les trois armées s'étaient portées en avant. Le prince royal, qui avait le plus de chemin à faire, s'était mis en mouvement le premier, avec la troisième armée, vers le sud-ouest, en envoyant derrière lui une division contre Strasbourg. Il masqua par des détachements les deux petites places de Bitche et de Phalsbourg, qui avaient repoussé les sommations de l'ennemi et se défendaient courageusement ; puis il franchit les Vosges sans obstacle et se porta vers la haute Moselle, vers Nancy et Toul.

« La seconde armée, sous le prince Frédéric-Charles, avança, par Sarreguemines et Faulquemont, vers la moyenne Moselle et Pont-à-Mousson.

« La première armée, celle de Steinmetz, se dirigea par Boulay sur Metz, franchit la Nied et se trouva en présence de l'armée française.

« Nos forces avaient un peu grossi. Tandis que Mac-Mahon prenait la route de Châlons, le maréchal Canrobert en était parti pour amener à Metz trois divisions d'infanterie du 6ᵉ corps, et il avait accepté d'être placé sous les ordres de Bazaine, dont il était l'ancien, et qui n'avait aucun titre à lui être préféré : il montrait là le même désintéressement qu'en Crimée; mais ce n'était plus à un Pélissier qu'on le subordonnait !

« Bazaine était donc maintenant à la tête de plus de 170,000 hommes ; mais, quand les deux premières armées ennemies auraient opéré leur jonction, ce qui ne pouvait beaucoup tarder, elles compteraient 350,000 combattants. Il y avait déjà 500,000 Allemands en France.

« Il était déjà tard pour opérer une retraite par Verdun sur Châlons; on n'avait pas une heure à perdre. L'empereur quitta Metz avec son fils, seulement le 14 vers midi. Cette lenteur fut surtout du fait de Bazaine. La population, habitants de Metz, paysans lorrains, réfugiés de toutes parts dans la ville, regardèrent ce départ dans un sombre silence. Ce peuple infortuné pressentait que cet homme lui laissait la ruine pour adieu. L'armée, qui était établie sur la rive droite de la Moselle, commença de passer sur la rive gauche; des bagages sans fin alourdissaient sa marche, qui aurait dû être si rapide, et, suivant l'expression d'un historien militaire (le colonel Fay), lui donnaient l'aspect « de « l'armée de Darius. » Le second Empire nous avait surchargés d'un attirail inutile qui rappelait les anciens monarques d'Orient.

« Vers quatre heures, le 3ᵉ corps, qui n'avait pas encore passé, fut attaqué brusquement par l'avant-garde de la première armée ennemie.... Notre 4ᵉ corps fut attaqué à son tour par la première armée prussienne, qu'appuyait un corps de la seconde. Le général Ladmirault, commandant du 4ᵉ corps, déploya beaucoup de vigueur dans un retour offensif ; le 3ᵉ corps vit tomber, mortellement blessé, son chef, le brave général Decaen, mais défendit énergiquement et conserva ses positions. Après une lutte de plusieurs heures, où nous perdîmes environ 3,000 hommes et l'ennemi 5,000, les Prussiens furent repoussés sur toute la ligne. Il y eut un mouvement de joie dans notre armée ; il lui sembla s'être ressaisie elle-même.

« Cette journée, qu'on a nommée la bataille de Borny, était honorable pour nos armes ; l'ennemi, toutefois, avait jusqu'à un certain point atteint son but. Il avait arrêté notre mouvement ; il nous avait fait perdre un jour et l'avait gagné pour sa concentration. Il avait, à la vérité, couru le risque d'un assez grave échec. Comme il n'avait encore réuni sur le champ de bataille que des forces insuffisantes, si Bazaine eût repris l'offensive avec toute notre armée, Steinmetz eût été accablé avant que Frédéric-Charles pût le secourir. Bazaine avait pu choisir entre deux partis : ou jeter toutes ses forces sur l'agresseur, ou poursuivre la retraite en la couvrant avec son arrière-garde. Il n'avait fait ni l'un ni l'autre et s'était contenté de se défendre sur place. »

Bien que ce fût une victoire pour nos soldats, la bataille de Borny fut donc désastreuse pour l'armée, puisqu'elle occasionna un retard de vingt-quatre heures au mouvement de retraite sur Verdun des 3ᵉ et 4ᵉ corps, et, par suite, à la marche de toute l'armée. Ces deux corps durent, en effet, retourner à Metz pour s'y réapprovisionner de munitions, les leurs ayant été épuisées dans la journée du 14 août. Pendant ce temps, le prince Frédéric-Charles faisait en toute hâte passer une grande partie de ses troupes sur la rive gauche de la Moselle.

« La mauvaise direction imprimée à la marche de l'armée (française) pour traverser la Moselle et s'élever sur les hauteurs de la rive gauche eut les conséquences les plus regrettables. Ce ne fut que le 15 que les 2e et 6e corps de la garde et les divisions de Fortou et du Barail furent réunis sur le plateau. Deux divisions du 3e corps parvinrent à s'y établir dans la soirée. Le reste du 3e corps et tout le 4e ne purent effectuer leur mouvement que le lendemain 16. L'ennemi avait su bien mieux employer son temps. »

Et le général Serré de Rivière ajoute, en appréciant comme il suit la conduite du maréchal Bazaine :

« Pourquoi ne pas ordonner, soit immédiatement, soit au moins dans la matinée du 16, au général Frossard, d'éclairer à fond les gorges qui aboutissaient aux positions occupées par ses troupes, au lieu de lui prescrire d'une manière vague, comme à tous les autres commandants de corps, de faire les reconnaissances journalières?... Le maréchal, dont le quartier général est sur place, à Gravelotte, ne saurait décliner la responsabilité de la surprise qui marqua le début de la bataille, et qui faillit en compromettre le résultat. Cette réserve une fois faite, reconnaissons que, dans le moment critique où le 2e corps fut brusquement assailli par l'ennemi, le sang-froid et l'intrépidité du maréchal furent au-dessus de tout éloge. »

Malgré toutes les fautes accumulées dans la journée du 15, le lendemain 16 fut cependant encore marqué par une série de succès remportés par nos vaillants soldats, succès sanglants et inutiles, hélas ! Mais enfin, ce jour-là encore, sur tous les points où nous fûmes attaqués, à Rezonville, à Vionville, à Mars-la-Tour, à Gravelotte, nous demeurâmes maîtres du terrain. La lutte fut acharnée et s'étendit sur un grand espace, car, le 16 août, eut lieu non seulement une bataille, mais une série de plusieurs combats successifs ou simultanés, tous très meurtriers. Remarquons enfin que, ce jour-là, le maréchal Bazaine demeurait absolument seul maître de la direction de l'armée, car l'empereur venait de partir de Metz pour Châlons, où il pensait précéder nos troupes seulement de quelques heures.

Ce fut donc en somme une incontestable et glorieuse victoire pour nous que la bataille du 16 août, à laquelle nous avons donné le nom de Rezonville, mais qui est appelée Mars-la-Tour par les Allemands, qui y éprouvèrent des pertes considérables. Et cependant, ce jour-là encore, nous fûmes surpris par l'ennemi.

En effet, vers neuf heures du matin, un escadron le notre 12ᵉ dragons, en grand'garde à la ferme de Flavigny, aperçut au loin divers pelotons de cavalerie allemande se dirigeant du côté de Vionville et de Mars-la-Tour. Peu après, ce furent les tirailleurs ennemis qui s'étendirent rapidement sur les crêtes de Tronville. Presque au même instant, un coup de canon se fait entendre, suivi aussitôt de plusieurs autres, et les obus pleuvent de tous côtés sur les sol-

dats du 2ᵉ corps français. C'étaient les 3ᵉ et 10ᵉ corps
allemands, sous les ordres des généraux von
Alvensleben et von Voigts-Rhetz, qui avaient traversé
la Moselle dans la matinée et s'avançaient à marche
forcée pour nous couper la retraite sur Verdun.
La canonnade commencée allait maintenant se
faire entendre sans discontinuer jusqu'à neuf heures
du soir, pendant douze longues et mortelles heures.

Quant à nos soldats, ils s'attendaient si peu à l'arrivée de l'ennemi, qu'ils étaient tranquillement en
train de prendre le repas du matin. Le premier moment de confusion une fois passé, chacun, furieux
d'avoir été surpris au moment de manger la soupe,
se prépara à faire vaillamment face à l'ennemi, et la
bataille commença, engagée surtout à gauche de
notre cavalerie, entre Vionville et Rezonville, à l'ouest
de cette dernière localité, des deux côtés de la grande
route sud de Metz à Verdun.

A la fin de cette sanglante bataille de Rezonville
eut lieu un gigantesque choc de cavalerie, l'un des
plus considérables du siècle. Ce choc effrayant se
produisit entre trois régiments français et six régiments allemands.

« Il est environ six heures trois quarts, lisons-
nous à ce sujet dans la *Guerre franco-allemande*, les
deux lignes de cavalerie s'abordent sur tout leur
front avec la plus grande impétuosité. Vainqueurs
sur un point, rompus sur un autre, les escadrons des
deux partis s'efforcent, chacun pour son compte, de
gagner le flanc de l'adversaire. Un épais nuage de
poussière s'élève bientôt et voile cette furieuse
mêlée. »

« Dans cette masse confuse, a écrit de son côté le colonel Bonie, qui tourbillonne et se mêle à ce point, qu'on ne peut distinguer les Français des Prussiens, les hussards, puis les cuirassiers allemands font de larges trouées, tandis que nos infatigables chasseurs d'Afrique se précipitent au plus épais de la mêlée. Huit mille cavaliers s'entre-tuent au milieu des hourras et du choc formidable du fer. »

Le résultat de la journée du 16 août fut le même que celui de l'avant-veille. Les attaques allemandes avaient échoué, après une lutte bien plus vaste et bien plus meurtrière que dans la journée de Borny. Mais, « comme à Borny, l'ennemi avait réussi à nous retarder, et le temps était pour lui, puisque chaque jour grossissait ses forces, tandis que nous n'avions présentement aucun renfort à attendre. »

L'étendue de nos pertes, 17,000 hommes hors de combat, sur lesquels les 2e et 6e corps comptèrent chacun plus de 5,000 hommes, témoigne de l'énergie de la lutte que nous venions de soutenir.

Les pertes de nos ennemis étaient encore plus considérables ; ils avouèrent 25,000 hommes hors de combat. Toutes leurs attaques avaient échoué. Une grande confusion devait régner dans les corps qu'ils avaient successivement engagés. « Dans cette situation, il n'y avait pour nous, dit le général Serré de Rivière, que deux partis à prendre pour rétablir les communications de l'armée avec l'intérieur, ou attaquer l'ennemi et le rejeter de l'autre côté de la Moselle, ou se dérober par une marche rapide vers Briey, dans la direction du nord. Toute hésitation, tout retard devaient être fatals, car ils permettaient à l'ennemi de s'établir sur la ligne de retraite de l'armée. Ce fut là le moment décisif de la campagne. »

Aucune de ces combinaisons ne se présenta à l'esprit du maréchal; il ne songea qu'à se replier sous Metz pour ne reprendre sa marche qu'après le ravitaillement de l'armée. Et cependant il a été prouvé depuis que l'armée était suffisamment approvisionnée pour atteindre Verdun, où avaient été accumulés de grands approvisionnements à son intention.

« Eussions-nous pu néanmoins nous remettre en marche le lendemain et passer? L'armée y comptait, dit Henri Martin. Elle se sentait victorieuse. L'ennemi pouvait difficilement lui disputer la route directe de Paris, et les routes d'Etain et de Briey étaient libres.

« Ce fut avec autant d'étonnement que de tristesse que l'armée reçut, dans la nuit, l'ordre de se replier sur Metz. L'ennemi fut aussi étonné que nos soldats, lorsque, le lendemain, il vit nos positions évacuées et nos colonnes opérant un mouvement rétrograde. La joie des Allemands égala le chagrin de notre armée. L'ennemi n'eût point été, le 17, en mesure de nous fermer les deux voies qui nous restaient; loin d'être disposé à recommencer l'attaque, il redoutait extrêmement d'être attaqué; il ne reçut que le soir et la nuit suivante les puissants renforts qu'il attendait; mais toute la conduite de Bazaine, alors et depuis, fut celle d'un homme qui ne songeait qu'à rester devant Metz. Une fois débarrassé de l'empereur, il ne semble pas avoir eu d'autre idée. »

Bazaine se replia donc sur Metz le 17, après avoir fait brûler à Gravelotte tout un convoi de vivres qui l'embarrassait, fait étrange de la part d'un général en chef qui prétendait être empêché de continuer sa marche en avant précisément par le manque de vivres. Il informa l'empereur qu'il « reprendrait sa marche dans deux jours, par la route de Briey, *si c'était possible*, et il occupa, en avant de Metz, des positions trop étendues, depuis Sainte-Ruffine et Rozerieulles jusqu'à Saint-Privat et Roncourt. » Les campements de l'armée française formaient de la sorte un développement de près de douze kilomètres.

« Les masses ennemies n'avaient cessé de traverser la Moselle dans la soirée et la nuit, dit Henri Martin, à qui nous allons encore emprunter le récit émouvant de cette terrible journée du 18 août. Le roi et de Moltke avaient rejoint Frédéric-Charles. Le 18 au matin, les Allemands comptaient jusqu'à 230,000 hommes de la seconde et de la première armée : sept corps, plus la garde royale. Ils marchèrent, vers onze heures, à l'assaut de nos positions, et l'attaque s'étendit bientôt sur toute la ligne. Il nous restait, tout compris, 130 à 140,000 hommes. Ce fut une bataille gigantesque et par le nombre et par l'opiniâtre énergie des combattants. Partout, nos troupes se montrèrent dignes de nos plus grands souvenirs militaires.

« A notre gauche, vers Rozerieulles et le Point-du-Jour, au centre du bois des Génivaux à Amanvillers, la défense eut constamment le dessus ; on se battait de trop près pour que l'artillerie ennemie conservât tous ses avantages, et nos chassepots et nos mitrailleuses faisaient une terrible exécution. Le général Ladmirault gagnait de nouveaux titres au renom qu'il avait acquis depuis Borny. Le malheureux Lebœuf, qui avait reçu le commandement de notre 3° corps, sentait sa terrible responsabilité et semblait chercher la mort; Frossard faisait de son mieux pour réparer ses fautes et sa défaite de Spickeren.

« Sur les trois quarts du champ de bataille, la résistance était victorieuse; elle l'était au point que la première armée prussienne, celle de Steinmetz, songea un moment à s'assurer la retraite outre Moselle; mais le point décisif n'était pas là; le péril était pour nous à cette extrémité de notre ligne qui s'allongeait à droite jusqu'à Saint-Privat et Roncourt. C'est par là qu'on pouvait nous tourner et nous couper la route du nord sur Verdun; l'ennemi l'avait reconnu, y portait son plus grand effort, et nous n'avions là que Canrobert avec son 6° corps incomplet et faible en artillerie, soixante et quelques canons. On l'attaqua de front avec la garde prussienne, soutenue par un autre corps et par deux cents pièces de canon, et, de flanc, avec le corps saxon. Canrobert opposa une défense terrible; la garde royale prussienne, s'étant élancée à l'assaut de la hauteur de Saint-Privat sans attendre les Saxons, fut rejetée, refoulée avec des pertes énormes, des milliers de blessés et de morts, suivant la relation du grand état-major prussien; plusieurs régiments virent tomber tous leurs officiers; il y eut des drapeaux qui changèrent cinq fois de main. Le corps saxon, cependant, finit par opérer son mouvement tournant et par s'emparer de Roncourt, d'où il prit Saint-Privat à revers. Les débris de la garde revinrent à la charge, suivis du 10ᵉ corps prussien et appuyés par des masses d'artillerie....

« Le 6ᵉ corps, cerné, accablé, fut rejeté de Saint-Privat sur les bois de Saulny. Le général Ladmirault, découvert par cette retraite forcée, dut à son tour évacuer les positions qu'il avait victorieusement défendues. Il se replia, dans une ferme attitude, vers Plappeville. Nos autres corps se maintinrent jusqu'au lendemain sans que l'ennemi eût pu les forcer. Le 19 au matin, Bazaine fit rentrer toute l'armée dans le camp retranché qui avait été établi sous Metz. Nos pauvres soldats, après la bataille du 18 comme après celle du 16, ne comprenaient rien à ce qui se passait. On entendait de tous côtés ces mots : *Notre régiment a repoussé l'ennemi, et nous reculons !* »

Telle fut la bataille de Saint-Privat, que l'on appelle aussi Gravelotte ou Amanvillers, durant laquelle les Allemands firent en hommes des pertes bien plus considérables que nous. Comme ce jour-là également nous avions maintenu nos positions sur presque toute notre ligne de bataille, peut-être eût-il encore été possible le lendemain d'échapper aux Allemands et d'aller opérer la jonction attendue avec Mac-Mahon, qui s'avançait et se mettait en péril pour sauver l'armée de Metz. Bazaine ne le tenta point ; il fit rentrer son armée sous Metz et la rendit de la sorte inutile à la défense du pays, comme nous le verrons un peu plus loin.

« Le 18 août, constate notre grand historien national, nous avions perdu 7 à 8,000 tués ou hors de combat, et 4 à 5,000 prisonniers. Les pertes de l'ennemi étaient effrayantes : elles dépassaient

20,000 hommes ; la garde royale prussienne était
hachée ; elle avait perdu à elle seule 8,000 hommes ;
mais l'état-major allemand avait ce qu'il voulait ; au
prix de ces flots de sang, il nous avait acculés sous
Metz. Bazaine, de son côté, paraissait, au fond,
n'avoir craint qu'une chose : c'était d'être coupé,
non point d'avec Châlons ou Paris, mais d'avec Metz.
Tout le reste semblait lui être indifférent! Il dit lui-
même à ses lieutenants que les nouvelles positions
où il s'établissait le 19 étaient celles qu'il avait eu,
dès la veille, l'intention de prendre.

« Quelles que fussent les intentions du général en
chef, notre armée, au moment même où elle venait
de montrer qu'officiers et soldats avaient retrouvé
toutes leurs qualités de race et qu'ils étaient dignes
d'être conduits par un autre chef, notre grande
armée était désormais paralysée et séparée du reste
de la France. Un autre drame militaire allait se jouer
loin d'elle et à cause d'elle et se précipiter vers une
catastrophe à laquelle elle demeurait étrangère, en
attendant la catastrophe qui devait la frapper à son
tour. »

IV.

Sedan (1er septembre).

Nous avons déjà vu, à la fin du chapitre II, que, après Frœschwiller, le maréchal de Mac-Mahon avait précipitamment battu en retraite sur Nancy, puis sur Châlons, où de Failly s'était joint à lui.

Le maréchal était arrivé à Châlons le 14 août. Deux jours après, l'empereur, dont Bazaine venait de se débarrasser, y arrivait à son tour avec toute sa maison militaire et allait devenir pour la nouvelle armée, comme il l'avait déjà été à Metz, un continuel embarras et l'une des principales causes du désastre final.

Mac-Mahon s'occupa à Châlons à reconstituer une armée au moyen des débris de ses troupes, des recrues et des mobiles qu'on lui envoyait de divers côtés de la France. « Mais cette armée, même à part la garde mobile, était dans un état peu consistant ; il y avait bien du désordre au camp, et Mac-Mahon, resté sous le coup de sa défaite, n'avait pas repris l'ascendant nécessaire sur les troupes. »

L'armée ainsi formée s'élevait, le 20 août, à 120,000 hommes. Ce fut avec ces troupes que Mac-Mahon quitta Châlons le lendemain. Bazaine lui avait, en effet, envoyé dépêches sur dépêches pour lui faire connaître qu'il allait effectuer sa retraite sur

Le maréchal DE MAC-MAHON.

Montmédy et lui demander de se porter à sa rencontre pour opérer leur jonction.

Mac-Mahon aurait préféré marcher sur Paris, sentant bien que là était sa meilleure base d'opérations et son plus sérieux point d'appui ; mais, en présence de l'appel de son vieux compagnon d'armes, il n'hésita pas à s'exposer à une marche périlleuse et prit ses mesures pour accourir à son secours. Il lui écrivit le 19 :

« Je me porte vers Montmédy. Je serai après-demain sur l'Aisne, d'où j'agirai selon les circonstances pour vous venir en aide. »

N'oublions pas d'ailleurs que Mac-Mahon traînait Napoléon III à sa suite : l'empereur ne tenait guère à rentrer à Paris, et, de son côté, le gouvernement de la régence n'était nullement désireux de voir revenir dans la capitale le souverain vaincu, sentant bien que sa présence n'y était plus possible tant que nos premiers échecs n'auraient pas été réparés. Le commandant de la nouvelle armée subit donc également de ces deux côtés une pression désastreuse en faveur de la marche sur Metz.

On partit le 21 août, mais en avançant lentement et sans vigueur. L'armée était peu disciplinée, encore démoralisée, et sans confiance dans ses généraux. De plus, le service de l'intendance militaire était défectueux ; les vivres et les munitions arrivaient le plus souvent en retard. La marche se fit donc sans ordre de Châlons sur Reims.

« Si Mac-Mahon eût marché rapidement, dit M. Périgot, et directement par Verdun sur Metz, il eût pris la première armée allemande devant cette ville entre son armée et celle de Bazaine ; mais les indécisions de Napoléon III, auquel il laissa trop d'influence sur les opérations, perdirent tout. On marcha par Rethel et Stenay, ce qui laissa le temps au roi (de Prusse), déjà arrivé à Bar-le-Duc, et au prince royal, entré à Châlons, de rétrograder et de marcher sur Sedan avec 300,000 hommes et onze cents pièces de canon, pour cerner l'armée française à la frontière de Belgique. Le 30 août, le corps de de Failly est surpris à Beaumont au milieu d'une halte et mis en déroute : des renforts venus de Carignan soutiennent devant cette ville une nouvelle lutte ; mais Mac-Mahon, vaincu, est forcé de se replier sur Sedan. Le 31, les troupes allemandes franchissent la Meuse après de nouveaux succès à Remilly, et, le 1er septembre, attaquent l'armée française à Sedan. »

Dans la journée du 31 août et dans la nuit qui suivit, disent MM. G. Debras et E. Dupuy, à qui nous empruntons une grande partie de ce qui suit, l'armée française occupa les positions qui lui étaient assignées sur la rive droite de la Meuse, le long des coteaux qui couronnent la place de Sedan. Le 1er corps (Ducrot) occupa les bois qui bordent le ravin de Givonne jusqu'à la hauteur de la route de Belgique ; le 7e corps (Douay), campé au nord-est de Sedan, ayant à sa gauche la Meuse et à sa droite le calvaire d'Illy, avait en face Floing et Saint-Menges. On commit la faute, lorsque l'armée eut passé de la rive gauche sur la rive droite, de ne couper aucun pont.

Les Allemands, qui nous étaient de beaucoup supérieurs en nombre, formèrent le projet de nous enfermer dans le bas-fond de Sedan en nous coupant l'issue par la route de Belgique et Mézières. En conséquence, tandis que les Bavarois dirigeaient, le 1er septembre au matin, une violente attaque contre le 12e corps à Bazeilles, les Saxons et la garde royale, partis en silence pendant la nuit, montaient par Francheval et Villers-Cernay vers la route de Belgique : à l'ouest, les 11e et 5e corps prussiens, suivis à distance par les Wurtembergeois, passaient la Meuse à Donchery et à Dom-le-Mesnil, pour atteindre avant nous le débouché de Saint-Menges et d'Illy et nous barrer la route de Mézières. Si ces deux bras se refermaient sur nous, notre situation était désespérée.

Un épais brouillard couvrait la vallée de la Meuse quand les premiers coups de feu retentirent, à l'aube du 1er septembre, aux abords de Bazeilles. L'infanterie de marine (du 12e corps) défendit ce village avec une ténacité qui coûta cher aux Bavarois. Des combats acharnés rue par rue, maison par maison, firent de Bazeilles le théâtre d'une lutte désespérée, très sanglante, dont les Bavarois se vengèrent, après leur victoire, en incendiant les maison que les obus avaient laissées debout. Vers six heures, la bataille commençait entre les troupes du 1er corps, échelonnées le long du ravin de Givonne, et les troupes du 12e corps saxon et du corps de la garde prussienne, qui avaient passé la Chiers à Douzy et occupé le bois. De ce côté, les soldats du général de Lartigue étaient fort éprouvés, et le général de Fraboulet tombait grièvement blessé.

Presque au même instant, le maréchal de Mac-Mahon, accouru sur le lieu de l'action, était lui-même jeté à bas de son cheval, blessé par un éclat d'obus, et obligé de remettre le commandement en chef au général Ducrot. Il était environ sept heures. Le général Ducrot n'eut pas plus tôt reçu le commandement, qu'il résolut de se rejeter sur Mézières. Il venait d'être informé par le maire de Villers–Cernay que l'ennemi opérait un grand mouvement tournant pour nous couper toute issue vers la frontière belge ; en outre, il avait peu de confiance dans le succès de la bataille engagée ; il ordonna donc au général Lebrun, commandant le 12ᵉ corps et engagé devant Bazeilles, d'opérer un mouvement en arrière et de diriger ses troupes vers les hauteurs de Saint-Menges et d'Illy; il n'était pas trop tard encore, dans la pensée du général Ducrot, pour gagner rapidement la route de Mézières et se dérober à l'étreinte toujours plus menaçante de l'armée allemande.

Le mouvement ordonné commença immédiatement. Le général Lebrun abandonna, non sans regret, les positions où il continuait à se maintenir avec avantage, mais il obéit ; déjà la division Vanvigne reculait, et deux divisions du 1ᵉʳ corps suivaient le mouvement de retraite, lorsque, vers neuf heures, un incident inattendu vint arrêter l'exécution du plan du général Ducrot. Le général de Wimpffen réclamait et prenait le commandement en chef, en vertu d'une commission qui lui avait été remise en partant de Paris par le ministre de la guerre, le comte de Palikao.

Le nouveau commandant en chef pensa qu'il était trop tard pour exécuter le plan du général Ducrot et qu'il valait mieux essayer de faire une trouée du côté de Carignan : il ordonna par conséquent au 12ᵉ corps de reprendre les positions qu'il venait de quitter. Mais pendant ce temps le 11ᵉ corps prussien s'était établi à Saint-Menges, ayant dressé son artillerie au sud du village, tandis que le 5ᵉ corps occupait Fleigneux et établissait ses batteries au-dessus du village. A trois heures, le mouvement de l'armée allemande était complètement terminé, et l'armée française, cernée de tous les côtés, était refoulée par l'artillerie dans la place de Sedan.

Entre onze heures et midi, une violente canonnade éclate du côté de Saint-Menges et de Fleigneux. L'artillerie prussienne balaye les positions occupées par les troupes du corps Douay; puis l'infanterie allemande s'avance en grandes masses; le général Ducrot lance contre elle la cavalerie du général Margueritte, qui vient de recevoir une blessure mortelle au milieu de son état-major, pendant qu'il reconnaissait les positions de l'ennemi. Entraînés par le général de Galliffet, les cavaliers s'élancent, sabrent les premiers rangs de l'infanterie ennemie et sont arrêtés, fauchés par un ouragan de mitraille; ils se reforment, chargent une seconde fois avec une admirable furie : leurs rangs épais sont couchés à terre par le feu combiné de l'infanterie et de l'artillerie. On dit que, voyant ces cavaliers marcher au-devant de la mort avec ce mépris superbe, le vieux roi de Prusse, saisi d'admiration, n'avait pu retenir ce cri: « Oh! les braves gens ! »

L'artillerie, accourue à son tour, eut le même sort; les pièces à peine placées volaient en éclats, les fourgons sautaient, les obus pleuvaient comme grêle; ici encore il fallut céder la place, reculer; cavaliers et fantassins roulèrent pêle-mêle sous les murs de Sedan.

Le général de Wimpffen ne désespérait pas de jeter les Prussiens dans la Meuse et de se frayer un passage vers Carignan et Montmédy. Le 12e corps tenait toujours; il ordonne aux généraux Ducrot et Douay d'appuyer son mouvement sur Bazeilles, et en même temps il écrit à l'empereur Napoléon III, qui se trouvait dans Sedan :

« Sire,

« Je me décide à forcer la ligne qui se trouve devant le général Lebrun et le général Ducrot, plutôt que d'être prisonnier dans la place de Sedan.

« Que Votre Majesté vienne se mettre au milieu de ses troupes, elles tiendront à honneur de lui ouvrir un passage.

« DE WIMPFFEN. »

Mais cet homme néfaste qui, depuis le commencement de la campagne, entravait les opérations de ses généraux et accumulait fautes sur fautes, devait joindre la lâcheté à l'incapacité. En réponse à cet appel du général en chef, il fit hisser le drapeau blanc sur la citadelle.

C'en était fait....

Cette journée nous coûta près de 17,000 morts ou blessés, 85,000 prisonniers, 450 pièces de canon, 70 mitrailleuses.

Le général de Wimpffen, comme commandant en chef, dut signer cette honteuse capitulation ; mais ce n'est pas à lui qu'en incombe la responsabilité. Le seul coupable est le souverain qui, après avoir déclaré inconsidérément la guerre, voulut la diriger, et qui, obligé par son incapacité de résigner le commandement en chef, n'hésita pas à capituler en rase campagne, alors que son armée se battait encore avec ardeur.

Un maréchal de France, 39 généraux, 2,225 officiers, 85,000 soldats, sans compter près de 14,000 blessés, étaient prisonniers, et l'ennemi s'emparait en outre d'une artillerie considérable et de dix mille chevaux. De l'armée de Mac-Mahon, 15,000 hommes seulement purent échapper aux Allemands en se réfugiant sur le territoire belge.

Napoléon III fut envoyé au château de Wilhemshohe, près de Cassel.

« Tandis que le monarque vaincu s'installait tranquillement chez l'ennemi dans un séjour princier, dit Henri Martin, notre malheureuse armée, après avoir brûlé ses drapeaux et détruit tout ce qu'elle pouvait détruire de ses armes, était entassée, sous la garde des soldats étrangers, dans la presqu'île d'Iges, autrement appelée la Boucle-de-Meuse. Elle avait eu 17,000 morts ou blessés ; l'ennemi, qui nous écrasait de loin avec ses batteries à longue portée, n'avait eu que 9,000 hommes tués ou hors de combat. Plus de 70,000 hommes, en grande partie malades, épuisés, restèrent dans la presqu'île plusieurs jours et plusieurs nuits, sous la froide pluie d'automne et dans la boue, sans abri, sans couvertures, presque sans vivres, jusqu'à ce qu'on mît en mouvement les tristes convois qui devaient emmener les troupeaux de captifs sur la terre ennemie. Ils avaient vu au loin, du fond de la presqu'île, le ciel rougi par l'incendie qui dévorait Bazeilles, que les Bavarois achevaient de détruire, après la bataille ; les Bavarois massacraient les habitants et les rejetaient dans les flammes, pour les punir de s'être bravement associés à la défense de leur village !

« Le comble de l'infortune semblait atteint. Notre malheureux pays ne prévoyait pas qu'une autre armée, égale à celle-ci en bravoure, supérieure en organisation et en nombre, subirait le même sort, sans avoir eu, comme celle-ci, la consolation d'avoir pu lutter à outrance et sauver ses drapeaux des mains de l'ennemi. »

Ainsi, au commencement de septembre, il ne nous restait plus rien, ni des soldats, ni du matériel militaire, avec lesquels l'empire était entré en campagne. En un mois, tous nos corps d'armée avaient été ou détruits, ou faits prisonniers, ou immobilisés (l'armée de Metz) : ils étaient perdus pour la défense du territoire. Celui-ci était d'ailleurs entièrement envahi à l'est, et les armées allemandes, grossies de continuels renforts, s'avançaient rapidement vers le centre et l'ouest de la France.

Notre écrasement semblait complet. La continuation de la lutte dans une telle situation paraissait impossible. Eh bien ! l'impossible fut tenté et accompli dans une certaine mesure. La lutte fut soutenue — et non sans gloire — pendant cinq mois encore contre nos impitoyables vainqueurs. Nous verrons bientôt comment et grâce à quel patriotisme put avoir lieu ce miracle. Il nous fut impossible, il est vrai, de remporter une victoire finale ; mais ces cinq mois de résistance acharnée nous ont au moins sauvé l'honneur national, par trop compromis après les honteuses capitulations des armées de l'empire.

V.

Le 4 septembre à Paris. — Chute de l'empire. — Le gouvernement de la Défense nationale. — Paris se prépare à être assiégé. — Entrevue de Ferrières.

L'impératrice régente et ses ministres furent atterrés en apprenant le désastre de Sedan et la honteuse capitulation de l'empereur : ils n'osaient pas communiquer au public les tristes détails que leur avait apportés le télégraphe le soir même de la bataille. Cependant quelques journaux étrangers, arrivés à Paris le samedi 3 septembre, ayant apporté la lugubre nouvelle d'un grand désastre, on se décida à confirmer le fait dans le *Journal officiel* du lendemain matin.

« La population, dit M. Alph. Levray dans ses très intéressants *Souvenirs d'un assiégé*, inquiète, fiévreuse, surexcitée, reçut le coup de massue.... Individuellement, on se courba d'abord, mais les cœurs en contact se relevèrent. La capitulation, ou plutôt la défection de Sedan, fit répéter dans les rues le mot qu'on avait prononcé à la Chambre dans la séance de nuit, le mot de *déchéance*, qui courait depuis trois semaines, particulièrement dans la bourgeoisie. On sentait qu'il fallait, avant toute entreprise, se débarrasser de l'homme qui, malgré l'opposition de Wimpffen, remplaçant Mac-Mahon blessé, avait fait arborer le drapeau capitulard et écrit la honteuse lettre qui commence ainsi : « N'ayant pu mourir à la tête de mes troupes, « je dépose mon épée entre les mains de Votre « Majesté.... »

L'empire s'effondrait sous les fautes commises.

Pour sauver son trône vermoulu, Napoléon III avait déclaré la guerre à l'Allemagne. Une grande partie était donc engagée. Elle fut perdue fatalement, comme elle devait l'être. Nos armées furent écrasées par le nombre.

Puis, pendant que Mac-Mahon, obéissant aux injonctions intéressées du ministre de la guerre et de l'impératrice, abandonnait son plan de retraite sur Paris pour marcher sur Mézières, les armées prussiennes étudiaient ces fausses tactiques et nous entouraient d'un cercle de fer.

A Sedan, Napoléon, moins brave que Wimpffen, rendait son épée à Guillaume, et les cuirassiers blancs de Bismarck l'escortaient dans un landau, tandis que son armée, pleurant de colère et de honte, prenait le chemin de la Prusse.

A Paris, cette nouvelle causa la plus vive indignation. C'était la ruine, c'était le déshonneur !...

La population se porta en masse vers le palais du Corps législatif, qui depuis quelques jours siégeait d'une façon presque permanente.

Le ministère s'y trouvait déjà. Après avoir fait connaître à la tribune la défaite de Sedan et la captivité de Napoléon III, le comte de Palikao, ministre de la guerre, venait de demander la création d'un conseil de défense, création que les députés de la gauche avaient en vain réclamée dès le milieu du mois d'août.

Il était trop tard maintenant.

En effet, le Corps législatif n'eut pas même le temps de délibérer à ce sujet. La foule, toujours grossissante autour du Palais-Bourbon, avait fini par forcer les grilles et les portes et envahissait la salle par toutes les issues. Ce n'était plus un conseil de défense que réclamait l'indignation nationale, mais bien la déchéance de l'empereur et de sa dynastie qu'elle exigeait.

Gambetta monta à la tribune et fit entendre sa parole enflammée de patriotisme : il proclama la patrie en danger. Toutefois, de concert avec Jules Favre, Jules Simon et les autres députés républicains, il aurait bien voulu obtenir du Corps législatif même la proclamation d'un gouvernement anonyme, qui eût été un acheminement vers la république, mais qui eût épargné à celle-ci la responsabilité de faire face à la situation terrible que laissait derrière lui l'empire effondré. Il ne le put. Le Corps législatif, impuissant et sans autorité morale, n'essaya même pas de résister et de faire tête à l'orage ; il se dispersa de lui-même ; la plupart des députés impérialistes disparurent, et bientôt il ne resta guère dans la salle envahie que les députés de la gauche.

Au Sénat, ce fut pis encore : les sénateurs se séparèrent d'eux-mêmes, après un discours emphatique du président Rouher.

Dans ces conditions, la République fut proclamée d'enthousiasme. Gambetta sortit du Corps législatif à la tête de quelques collègues et de citoyens résolus

GAMBETTA.

et se rendit à l'Hôtel-de-Ville, où fut établi le gouvernement dit de la « Défense nationale ».

Tel fut le 4 septembre.

L'empire s'écroulait définitivement devant les désastres qu'il avait accumulés.

Cette révolution, qui nous donnait la République pour la troisième fois, fut donc toute pacifique. Elle s'accomplit sans répandre une seule goutte de sang, sans éprouver la moindre tentative de résistance.

« Jamais il ne s'était rien vu de pareil, dit Henri

Martin. L'empire s'était évanoui comme une ombre. Ses conséquences, malheureusement, ne disparaissaient pas avec lui. »

Le nouveau gouvernement fut composé de tous les députés de la Seine et de ceux qui, élus d'abord à Paris et dans les départements, avaient opté pour les départements. Jules Favre parut au balcon de l'Hôtel-de-Ville et en lut la liste, qui fut acclamée par la foule qui se pressait sur la place. La présidence fut donnée au général Trochu, qui avait été nommé, le 17 août, gouverneur de Paris. Jules Favre en prit la vice-présidence avec le ministère des affaires étrangères.

Voici les noms des hommes courageux qui, avec Jules Favre et Trochu, acceptèrent le pouvoir dans un pareil moment : Gambetta, Crémieux, Jules Simon, Ernest Picard, Henri Rochefort, Jules Ferry, Eugène Pelletan, Emmanuel Arago, Garnier-Pagès et Glais-Bizoin. Ces premiers membres du gouvernement, acclamés par le peuple, s'adjoignirent quatre spécialistes : le général Le Flô, l'amiral Fourichon, l'ingénieur Dorian et le député Magnin, à qui ils attribuèrent les ministères de la guerre, de la marine, des travaux publics et de l'agriculture et du commerce.

Fait intéressant à noter : la République, proclamée à Paris le 4 septembre, l'avait déjà été la veille dans quelques grandes villes de province : Bordeaux, Lyon, Marseille, etc., tellement l'empire était devenu impossible.

Le nouveau gouvernement fut accepté sur-le-champ par la France entière. Il lança un manifeste par lequel il offrait la paix à l'Allemagne avec indem-

nité de guerre, mais annonçait qu'il ne céderait « ni
un pouce de notre territoire, ni une pierre de nos
forteresses. » En même temps il convoquait les
collèges électoraux pour le 16 septembre à l'effet
d'élire une Constituante. Mais on s'aperçut bientôt
que, en présence de l'invasion d'une grande partie
du territoire, des élections générales ne pouvaient
avoir lieu ; elles furent remises à plus tard.

La catastrophe de Sedan, dit M. Ch. de Freycinet,
« avait mis fin à la première période de la guerre, à
celle que j'appellerai la période impériale. Pendant
les jours qui suivirent, il y eut un temps d'arrêt dans
ces luttes sanglantes. La France n'avait plus d'armée
à opposer à l'invasion. L'ennemi put donc, sans
coup férir, et servi par un temps admirable, s'avancer
jusque sous les murs de Paris. Il y arriva le
19 septembre et en commença aussitôt l'investissement.

« Le gouvernement de la Défense nationale, qui
avait succédé à l'empire le 4 septembre, se prépara
à soutenir le siège. Tandis que ses diplomates allaient
vainement demander à M. de Bismarck une paix
acceptable, ses hommes de guerre concentraient
dans la capitale les rares ressources que la France
possédait encore, 40,000 hommes du corps du
général Vinoy, 100,000 gardes nationaux mobiles
des départements, quelques milliers de marins, tout
ce qui restait de cadres d'officiers, de matériel et de
munitions. L'opinion, à cette époque, était que Paris
seul pouvait offrir une résistance sérieuse, et le rôle
de la province semblait devoir être si effacé, que,
chose à peine croyable aujourd'hui, ce fut le motif

officiel mis en avant pour justifier, aux yeux de la France, et la composition exclusivement parisienne du nouveau gouvernement et son séjour dans la place assiégée....

« Toutefois, afin de ne pas priver entièrement la province de cette administration centralisée sans laquelle elle n'avait pas vécu depuis quatre-vingts ans, une délégation du gouvernement, formée de MM. Crémieux, Glais-Bizoin et Fourichon, vint s'installer à Tours, le 16 septembre, pour continuer l'impulsion aux différents services et organiser, s'il se pouvait, une armée de secours derrière la Loire. »

Avant le 4 septembre, dès le commencement d'août, le gouvernement de l'impératrice régente s'était bien un peu préoccupé de la mise en état de défense de Paris. Cependant, nul ne pensait que les événements se précipiteraient de telle sorte, que la capitale se trouverait sur le point d'être assiégée au commencement de septembre.

L'armement des gardes nationales avait été ordonné; le général Trochu avait été nommé gouverneur de Paris; on avait commencé à raser toutes les constructions élevées dans le périmètre de la zone de défense, et c'était à peu près tout.

Aussi, comme le dit M. G. Martiny de Riez, « le gouvernement de la Défense nationale, en arrivant au pouvoir, trouva le pays dans une situation désastreuse.... Nos arsenaux ne comptaient qu'un nombre d'armes insignifiant et nos forts étaient à peine en état de défense.

« Telle était la position de Paris au 4 septembre. Les troupes allemandes s'avançaient rapidement vers

Paris. Les hommes du gouvernement de la Défense nationale acceptèrent la responsabilité terrible de la situation désastreuse dans laquelle se trouvait la capitale, situation que non seulement ils n'avaient pas contribué à lui créer, mais encore qu'ils avaient fait tous leurs efforts pour lui éviter.

« Ils s'occupèrent aussitôt d'organiser la défense. La fabrication, le commerce et la vente des armes sont rendus libres ; les militaires de tout grade, de même que les fonctionnaires de tout rang, révoqués à la suite des événements de décembre 1851, sont réintégrés dans leurs droits et dans leurs titres. Et on commença à fabriquer des canons....

« Les travaux de l'armement des fortifications de Paris marchèrent rapidement. Une armée d'ouvriers fut appelée à travailler dans l'enceinte fortifiée. »

Pendant ce temps, les habitants de la banlieue étaient invités à venir se réfugier dans Paris ; des provisions de bouche considérables étaient faites et emmagasinées chaque jour ; de nombreux troupeaux de bœufs, de moutons, etc., étaient amenés dans la capitale et parqués au bois de Boulogne, au jardin du Luxembourg et sur les autres promenades. Grâce à l'activité déployée, on était prêt à soutenir le siège quand les Prussiens se montrèrent.

Ceux-ci arrivaient, d'ailleurs, à marches forcées. Ils étaient le 10 septembre à Château-Thierry ; le 11, un corps d'armée se présenta à Meaux et continua son mouvement sur Paris.

Les ponts sur la Seine « sautèrent le 13 et le 14 septembre. L'ennemi se montrait le lendemain à quelques kilomètres de nos forts. Un premier engagement eut lieu à Créteil le samedi 17. Le dernier train partit le dimanche par la ligne de l'Ouest. Paris était séparé de la France et du monde entier.... »

Le 6 septembre, le jour même où le général Trochu annonçait aux Parisiens que l'ennemi marchait sur la capitale et ajoutait que la défense de Paris était assurée, le *Journal officiel* publiait l'admirable manifeste dont nous avons parlé un peu plus haut et que notre ministre des affaires étrangères, Jules Favre, venait d'adresser sous forme de circulaire à nos divers agents diplomatiques à l'étranger. Après avoir rappelé au roi de Prusse qu'il avait déclaré ne pas faire la guerre à la France, mais seulement à l'empereur Napoléon III, Jules Favre concluait :

« Si l'on continue contre nous une guerre funeste que nous avons condamnée, nous ferons notre devoir jusqu'au bout, et j'ai la ferme confiance que notre cause, qui est celle du droit et de la justice, finira par triompher. »

Hélas! on se faisait une cruelle illusion en supposant que, l'empire une fois renversé, la Prusse ne continuerait pas la guerre avec la France. « Enivré par la victoire, le roi de Prusse oublia que, en prenant les armes, il avait déclaré que l'Allemagne se levait contre l'empereur et non contre le peuple français; il faillit à sa parole. »

Toutefois, et tout en se préparant à soutenir énergiquement la lutte engagée, le gouvernement de la Défense nationale, dont presque tous les membres avaient été dès l'origine opposés à la guerre, jugea qu'une démarche devait être tentée en faveur de la

paix. En sa qualité de ministre des affaires étrangères,
Jules Favre fut chargé d'aller rappeler sa parole au

Jules Favre au château de Ferrières.

roi Guillaume. Il se rendit au château de Ferrières, où

eurent lieu avec M. de Bismarck plusieurs entrevues, dont il rendit compte à ses collègues dans une longue lettre qui fut publiée au moment où les troupes prussiennes apparaissaient autour de Paris. Les exigences allemandes avaient été telles, qu'il nous fut alors impossible d'accepter, sans dés-honneur, de traiter aux conditions que le vainqueur persistait à nous imposer. Jules Favre terminait sa lettre par ces lignes empreintes d'un douloureux patriotisme :

« J'ai fini, mes chers collègues, et vous penserez comme moi que, si j'ai échoué, ma mission n'aura pas été cependant tout à fait inutile. Elle a prouvé que nous n'avions pas dévié. Comme les premiers jours, nous maudissons une guerre par nous con-damnée à l'avance; comme les premiers jours aussi, nous l'acceptons plutôt que de nous déshonorer. Nous avons fait plus : nous avons tué l'équivoque dans laquelle la Prusse s'enfermait et que l'Europe ne nous aidait pas à dissiper.

« En entrant sur notre sol, elle a donné au monde sa parole qu'elle attaquait Napoléon et ses soldats, mais qu'elle respectait la nation. Nous savons aujourd'hui ce qu'il faut en penser. La Prusse exige trois de nos départements, deux villes fortes, l'une de cent, l'autre de soixante-quinze mille âmes, huit à dix autres également fortifiées. Elle sait que les populations qu'elle veut nous ravir la repoussent; elle s'en saisit néanmoins, opposant le tranchant de son sabre aux protestations de leur liberté civique et de leur dignité morale....

« Le dernier mot n'est pas dit dans cette lutte où

maintenant la force se rue contre le droit. Il dépend de notre constance qu'il appartienne à la justice et à la liberté. »

Paris était en effet résolu à se défendre énergiquement, et il le montra dès le début du siège. La phrase magnifique mais imprudente de la circulaire de Jules Favre : « Nous ne céderons ni un pouce de notre territoire, ni une pierre de nos forteresses, » avait surexcité l'enthousiasme patriotique de la population parisienne. Aussi, lorsque, le 14 septembre, le général Trochu passa une grande revue de la garde nationale et des gardes mobiles de la Seine et des départements, l'ardeur et la confiance brillaient sur tous les fronts. Le général fut acclamé par les 260,000 hommes qu'il inspectait.

VI.

Nos places de l'Est assiégées et bombardées : Strasbourg,
Toul, Phalsbourg, Bitche, Metz, Belfort.

La généreuse pensée de défendre énergiquement
Paris contre les Prussiens fit commettre une faute
au gouvernement de la Défense nationale. On con-
centra, en effet, toutes les troupes que l'on put dans
la capitale, et la province fut abandonnée presque
sans défense.

« Quand Paris fut menacé d'un investissement
prochain, dit M. Périgot, on se contenta d'envoyer à
Tours deux membres du gouvernement, faibles et
vieux, Crémieux et Glais-Bizoin, sans un général,
sans un ministre de la guerre. Cependant les Allemands s'avançaient sans résistance. Laon se rendit
dès le 9 septembre à la cavalerie prussienne ; le 15,
Meaux était occupé par le roi de Prusse ; le 19, Paris

fut entièrement cerné, après une déroute d'un corps français à Châtillon, et le quartier général de Guillaume établi à Versailles.

« Paris regorgeait de troupes, tous les citoyens ayant été appelés à la défense, et formant 266 bataillons de garde nationale, outre les nombreux corps de mobiles appelés depuis un mois dans la ville et les marins placés dans les forts. Mais, à l'exception des marins, ces masses étaient inexpérimentées, sans discipline, et mal commandées par des officiers qu'elles avaient le droit de choisir. Aussi, avant qu'une telle armée pût être conduite contre les Prussiens, ceux-ci eurent le temps de s'établir solidement autour de Paris, et de poursuivre pendant les mois de septembre et d'octobre les sièges des grandes forteresses de l'Est. »

Strasbourg, qui avait été investie le 13 août par une armée badoise sous le commandement de Werder, subit un bombardement d'autant plus terrible, que nos ennemis violaient ouvertement les règles militaires usitées jusqu'alors. Dès le 31 août, avant la chute de l'empire, le député alsacien Keller faisait connaître à la tribune du Corps législatif les cruels et sauvages agissements de l'armée assiégeante.

« Strasbourg, disait-il, ne sera bientôt plus qu'un monceau de ruines ; les faubourgs sont détruits ; le quart de la ville est brûlé ; la bibliothèque, la cathédrale, le Temple-Neuf, l'hôpital, sont à peu près réduits en cendres. Les femmes et les enfants se réfugient dans les égouts, seul abri contre les bombes, et, pendant que la ville est incendiée, pendant que la rage de l'ennemi se tourne contre l'ha-bitant, les remparts ne sont pas même attaqués.

« C'est par la terreur, par l'incendie, par la ruine, c'est en tuant les femmes et les enfants, c'est en détruisant les maisons et les monuments, que l'ar-mée assiégeante veut forcer Strasbourg à capituler.

« Ce n'est pas tout. Les paysans français sont contraints, contre toutes les lois de la guerre, à construire les batteries et les tranchées ennemies, de sorte que les assiégés se trouvent dans l'obliga-tion ou de laisser ces travaux s'accomplir tranquille-ment ou de diriger leurs balles contre des poitrines françaises.

« Pendant ce temps, les paysans badois passent le Rhin et viennent mettre à contribution des vil-lages qui, faute d'armes, ne peuvent se défendre. Ces armes, les paysans alsaciens les ont depuis long-temps demandées ; on les leur a toujours refusées. »

Dès que la République eut été proclamée, un ancien député de 1848, Edmond Valentin, fut nommé préfet de Strasbourg assiégée et reçut la mission de rejoindre son poste. Il n'était guère possible de tra-verser les lignes allemandes pour entrer dans la ville ; la chose était des plus hasardeuses. Valentin n'hésita pourtant pas ; il se mit en route et parvint à Strasbourg, après avoir traversé à la nage la rivière d'Ill sous une pluie de balles. Une fois à son poste et jusqu'à la fin du siège, le préfet républicain ne cessa de faire preuve d'un continuel héroïsme.

Mais Strasbourg ne pouvait point soutenir indéfi-niment une lutte par trop disproportionnée. Le brave général Uhrich, qui commandait sa faible garnison, dut à la fin reconnaître que la défense était devenue

Cathédrale de Strasbourg.

impossible, et il rendit la place le 28 septembre.

Voici une succincte relation de ce siège, peu glorieux pour les Allemands, durant lequel les braves et malheureux Strasbourgeois ne cessèrent de faire preuve d'un remarquable héroïsme et du plus grand patriotisme :

« Dans la nuit du 13, quelques obus éclatent dans la ville et dans les faubourgs, et blessent quelques personnes. L'usage, chez les peuples civilisés, étant de respecter les non combattants et les parties d'une place forte qui ne servent pas à la défense, on crut que c'était une maladresse des artilleurs allemands ; mais on ne tarda pas à savoir que c'était un système, et que chez les Prussiens le grand art de la guerre consistait à tuer des femmes et des enfants pour intimider les hommes. En effet, le général Uhrich, qui commandait la ville, ayant demandé au général ennemi de laisser sortir les vieillards, les femmes et les enfants, celui-ci répondit qu'il n'y pouvait consentir, disant que la présence des femmes et des enfants était une cause de faiblesse pour les villes assiégées et qu'il ne voulait pas se priver de cet avantage.

« Quand le général de Werder fut bien persuadé que Strasbourg ne voulait pas se rendre, il ouvrit le feu de toutes ses batteries et le dirigea spécialement sur la ville, laissant les remparts intacts. On ne respecta même pas les monuments couverts de la croix rouge de Genève. C'est ainsi que la bibliothèque, une des plus importantes de l'Europe, et contenant plus de trois cent mille volumes, fut brûlée. Brûlée la cathédrale, merveille de l'art gothique, qu'avaient toujours respectée les guerres précédentes.

« La population et la garnison résistèrent héroïquement à ce bombardement, qui dura quatre semaines. Les 240 pièces qui se trouvaient autour de Strasbourg vomirent, d'après les calculs des historiens allemands, 193,722 projectiles, soit environ quatre par minute.

« Enfin, le 23, la brèche étant ouverte, la ville dut se rendre, pour éviter une prise de vive force. La garnison obtint de se retirer avec les honneurs de la guerre. En la voyant défiler, tous les yeux se remplirent de larmes, et les habitants lui dirent : *Au revoir !*

Toul, de son côté, était tombée au pouvoir de nos ennemis huit jours auparavant, le 23 septembre, après un siège de six semaines et un bombardement de huit jours.

Deux de nos petites places au nord des Vosges, Phalsbourg et Bitche, continuaient de résister bravement aux Allemands, qui les assiégeaient et les bombardaient avec leur barbarie habituelle. La première ne se rendit qu'après quatre mois d'héroïque résistance ; quant à la seconde, les assiégeants l'avaient réduite en cendres au moment de la signature de l'armistice, mais n'avaient pas encore réussi à lasser la constance de ses défenseurs et de ses habitants. Comme Belfort, dont nous parlerons tout à l'heure, Bitche ne se rendit pas et ne subit aucune capitulation.

« Phalsbourg tint du 10 août au 10 décembre et ne céda qu'à la famine. La population avait rivalisé de courage avec la garnison et supporté avec constance un bombardement destructeur. Le commandant Taillant, quand il n'y eut plus de pain, détruisit artillerie, munitions, tout ce qui pouvait servir à l'ennemi, puis ouvrit les portes.

« Bitche, plus forte et mieux munie de vivres, prolongea indéfiniment sa résistance. Dès le mois de septembre, un déluge d'obus avait réduit en ruines cette petite ville. On vécut dans les casemates, et, jusqu'à la fin, on ne se rendit pas. »

Quant à Metz, celle de nos places fortes qui était le mieux outillée et approvisionnée pour soutenir un long siège sans être obligée de se rendre, la présence de l'armée de Bazaine sous ses murs allait devenir pour sa défense une cause de faiblesse et le motif capital de sa perte.

En effet, après la bataille de Saint-Privat, Bazaine, qui jusque-là avait constamment trompé l'empereur, Mac-Mahon et ses propres lieutenants, sur ses véritables intentions, renonça ouvertement à marcher sur Verdun. Il rentra sous Metz, et la ville fut aussitôt investie par les Allemands. L'armée de Lorraine tout entière — c'est-à-dire 180,000 hommes aguerris et qui ne demandaient qu'à combattre — fut ainsi immobilisée et réduite à l'impuissance. Inutiles pour la défense de la place, ses soldats consommaient et épuisaient les provisions de bouche dont Metz était approvisionnée ; ils rendirent de la sorte la capitulation nécessaire au bout de quelques semaines. Tel fut le néfaste résultat de la conduite honteuse de l'ambitieux et traître Bazaine, qui, au moment où la France avait besoin de tous les dévouements, ne pensait qu'à ses intérêts personnels et oubliait la patrie.

Durant les premiers jours de l'investissement,

Bazaine fit cependant encore un simulacre d'effort

Place de Bitche.

pour emmener son armée loin de Metz ; il sentait bien

que ses lieutenants ne comprendraient pas, surtout
dès le début, une inaction complète. Aussi il envoya,
le 1er septembre, une partie de ses corps d'armée sur
la rive droite de la Moselle se heurter à Noisseville
contre des positions que les Allemands avaient eu
tout le temps de fortifier. La sortie fut repoussée.

A partir de ce moment, le maréchal Bazaine ne
tenta plus rien pendant un mois. Il laissa nos ennemis s'installer et se fortifier à leur aise autour de la
place, sans faire le moindre effort pour contrarier
leurs opérations ou leur échapper. Au commencement d'octobre seulement, il ordonna en huit jours
deux sorties dirigées sur Thionville, la première à
Saint-Rémy le 2, et la seconde à Ladonchamps le
7 octobre. Mais, dans chacune de ces rencontres, il
n'engagea qu'une faible partie de ses troupes, et l'on
vit bien qu'il ne cherchait point sérieusement à
forcer les lignes prussiennes pour se porter vers
Paris.

« Sa pensée, dit M. C. Périgot, fut-elle de conserver l'armée de Metz pour servir, après la paix, et
peut-être avec le secours des ennemis, au rétablisse-
ment de l'empire, et s'assurer le premier rang dans
une régence?... On savait que ses ressources étaient
loin d'être épuisées quand il entama des négociations
avec Frédéric-Charles. Le général Boyer fut envoyé à
Versailles, où on l'abusa par de feintes négociations
jusqu'à ce que Metz fût réduite à l'extrémité. Bazaine
capitula le 27 octobre : 3 maréchaux, 50 généraux,
6,000 officiers, 160,000 hommes, furent faits prisonniers, et l'ennemi s'empara de 750 pièces de
siège, 400 canons de campagne, 100 mitrailleuses,

de six forts avec tout leur matériel, et de la place dont les remparts n'avaient pas même été attaqués. — La prise de Strasbourg et de Metz rendit les Allemands maîtres de toute l'Alsace (moins Belfort), de la Lorraine et de la Champagne, et leur rendit la libre disposition de toutes leurs troupes. »

Voilà, en effet, quelle fut la conséquence immédiate de la capitulation de Metz ; une armée ennemie tout entière cessa d'être immobilisée en Lorraine ; redevenue libre de ses mouvements, elle en profita pour rejoindre les autres corps allemands qui manœuvraient au sud de Paris et pour venir écraser nos jeunes troupes en formation sur la Loire, qui, malgré leur inexpérience, faisaient vaillamment leur devoir, et avaient déjà, comme on le verra tout à l'heure, remporté de sérieux avantages, leur permettant d'espérer le succès final contre l'ennemi qui leur était opposé.

On se rappelle que, dans la seconde quinzaine d'août, le maréchal de Mac-Mahon ne s'était décidé à effectuer sa marche désastreuse par Reims et Rethel sur Montmédy qu'à la suite des appels pressants de Bazaine, qui le trompait sur ses intentions. Aussi le général Serré de Rivière a-t-il pu s'écrier avec raison devant le conseil de guerre qui, trois ans après la chute de Metz, jugea et condamna l'ex-commandant en chef de l'armée de Lorraine : « Sedan, Metz, Orléans!... Le nom du maréchal Bazaine demeurera éternellement attaché à ces trois grands désastres de la guerre de 1870.... »

La seule de nos places fortes qui, avec Bitche, put résister jusqu'à la fin de la guerre sans se rendre à l'ennemi fut Belfort, avons-nous dit plus haut. L'admirable défense de cette héroïque cité demeurée française a immortalisé le nom de l'officier qui la dirigea, le colonel du génie Denfert-Rochereau. Voici comment elle est appréciée par notre grand historien national :

« Gambetta, dit-il, avait confié Belfort, avec une garnison de 16,000 hommes, la plupart très novices, à un simple commandant du génie, qu'il avait nommé colonel. On ne pouvait faire un meilleur choix. Le colonel Denfert était un homme de pensée aussi bien que d'action. Il connaissait à fond le mal que le second empire avait causé à nos institutions militaires, surtout par ce déplorable système qui faisait de l'inférieur une machine dans la main du supérieur, et ainsi de grade en grade, en supprimant toute initiative, toute réflexion, toute discussion. Il prit le parti contraire, provoqua autour de lui les observations, les avis, réveilla les esprits, suscita l'émulation, sans que l'autorité vacillât un instant dans sa main résolue. Il s'en trouva bien et tira de ses subordonnés tout le parti possible.

« Il appliqua avec le même succès, suivant son expression, « ses principes techniques et ses prin-
« cipes moraux. »

« Le *principe technique* dont il s'agit était que, lorsqu'on a suffisamment de monde, il faut défendre les places à grande distance, disputer pied à pied toutes les positions extérieures, aussi loin que peut porter le canon de la place et de ses ouvrages ; ce qui a, comme le disait Denfert, « l'immense avan-
« tage de tenir le cordon d'investissement très éloi-

Colonel DENFERT-ROCHEREAU.

« gné et d'obliger l'ennemi à une série d'attaques
« de vive force..., attaques très coûteuses pour lui
« et qui retardent de beaucoup le moment où il
« pourra approcher assez pour installer ses batteries
« et bombarder la place. »

« La défense de Belfort fut la fidèle application
de ces maximes.

« Le général Treskow, après avoir pris Schelestadt
le 24 octobre, avait investi Belfort le 3 novembre,
avec une vingtaine de mille hommes. Il envoya au
commandant français une lettre assez singulière :
« Je vous laisse à juger, disait-il, s'il ne convien-
« drait pas d'éviter à la ville toutes les horreurs
« d'un siège, et si votre conscience, votre devoir ne
« vous permettraient pas de me livrer la forteresse
« dont vous avez le commandement. »

« Denfert répondit spirituellement qu'en pesant
dans sa conscience les raisons développées par le
général ennemi, il trouvait que « la retraite de l'ar-
« mée prussienne était le seul moyen de concilier
« l'honneur et l'humanité, pour éviter à la popula-
« tion de Belfort les horreurs d'un siège. »

« L'ennemi s'était renforcé ; ses progrès néanmoins furent lents et difficiles. Il lui fallut tout un
mois, si longue que fût la portée de son artillerie,
pour pouvoir commencer à jeter ses obus dans la
ville. Le bombardement ne devait plus s'interrompre
de deux mois et demi. La population le supporta
fort courageusement. Nos jeunes troupes s'aguerris-
saient en luttant incessamment autour de la place. »

Cette belle défense de Belfort produisait une
grande impression dans toute la France.

Nous verrons à la fin de ce volume avec quelle héroïque obstination M. Thiers lutta contre Bismarck — au moment de la discussion des clauses du traité de paix — pour conserver Belfort à la France, et au prix de quel douloureux sacrifice il finit par obtenir que l'héroïque cité nous restât.

Revenons maintenant aux opérations autour de Paris et aux événements dont notre capitale fut le théâtre.

VII.

Le siège de Paris (19 septembre 1870 — 28 janvier 1871).

Dès le 15 septembre, les premières colonnes ennemies s'étaient montrées à Joinville, Créteil et Neuilly-sur-Marne. Le 19, dans la matinée (c'était un lundi), pendant la fin des conférences de Ferrières, le canon tonna au sud de Paris pour la première fois.

Cependant, depuis deux jours, diverses escarmouches avaient déjà eu lieu entre nos avant-postes et les troupes ennemies. On s'était rencontré à Villejuif, à Meudon, à Bagneux, et nos soldats improvisés avaient fait bonne figure. Pourtant, une panique eut pour nous une cruelle conséquence, qui fut la perte de la redoute de Châtillon, qu'occupèrent les troupes prussiennes.

L'échec de Châtillon fut d'ailleurs bientôt glorieusement réparé par nos jeunes troupes. Dès le 22,
dans l'après-midi, cent vingt hommes de la garde
mobile de la Seine, en reconnaissance en avant du
fort d'Issy, furent attaqués par un parti ennemi et le
mirent en fuite, après lui avoir tué ou blessé douze
hommes; puis, dans la soirée, la division Maud'huy
se porta en avant des forts d'Ivry et de Bicêtre, et
occupa le moulin Saquet et le village de Vitry.

Les journées suivantes ne furent signalées que
par des escarmouches sans importance. Jusqu'à la
fin du mois, les batteries de nos forts se conten-
tèrent d'échanger, chaque jour, quelques obus avec
l'ennemi. Mais, le 29 septembre, la journée entière
se passa en escarmouches, au sud, à l'est et au nord
de Paris.

Le 30, eut lieu le combat de Chevilly.

Malgré l'occupation par la division Maud'huy des
positions voisines de Villejuif, les Prussiens étaient
demeurés maîtres des villages de l'Hay, de Chevilly,
de Thiais et de Choisy-le-Roi, possession qui leur
permettait de protéger leur ligne de communication
sur Versailles, où, depuis le 20 septembre, le roi de
Prusse avait établi son quartier général dans l'ancien palais de Louis XIV. Il s'agissait pour nous de
chercher à désorganiser leurs communications sur
ce point, et le général Vinoy fut chargé de ce soin.
Il lança, le 30 septembre, une colonne contre l'Hay
et Chevilly, en avant du fort des Hautes-Bruyères qui
devait soutenir et protéger notre attaque. Mais, par
suite d'un malentendu inexplicable, l'artillerie du
fort demeura muette toute la journée, et, malgré

tout leur héroïsme, ceux de nos soldats engagés dans cette fatale journée, écrasés par la puissante artillerie ennemie, durent se replier devant des forces presque dix fois supérieures. Si nous eûmes douze cents hommes tués le 30 septembre, les Allemands en eurent près de quatre mille; ce qui donne une idée de l'acharnement de la lutte.

Après ce combat héroïque, Antony, Villejuif, Chevilly, Larue, l'Hay, Bourg-la-Reine, furent investis et saccagés par les Allemands. C'est à l'assaut du village de Chevilly que fut tué le général Guilhem, un brave qui avait conquis tous ses grades à la pointe de l'épée.

Paris assiégé ne recevait plus que très rarement des nouvelles de la province, et il lui était impossible de lui donner des siennes. On résolut alors de lancer des ballons (porteurs des correspondances de Paris et de pigeons voyageurs destinés à rapporter les lettres des départements), confiant un peu au hasard le soin de les faire parvenir à destination. Quelques-uns tombèrent entre les mains des Prussiens; mais la majorité put atteindre des points du territoire occupés par nos troupes.

Le premier ballon partit de Paris le 23 septembre 1870. Il s'appelait le *Neptune* et était monté par M. Duruof, l'un des aides de l'aéronaute Nadar, qui avait été chargé d'organiser ce service de postes aériennes.

Cette première expédition réussit à merveille. Au moment du passage du *Neptune* au-dessus des lignes prussiennes, quelques coups de fusil lui furent tirés sans l'atteindre. En guise de réponse, M. Duruof laissa tomber quatre mille cartes de visite que M. Nadar lui avait remises à cette intention.

Depuis la fin de septembre jusqu'au 11 octobre, il n'y eut autour de Paris aucun engagement sérieux ; tout se borna à quelques coups de feu échangés entre nos reconnaissances et les avant-postes ennemis. Toutefois, Paris continuait énergiquement les opérations de la défense.

D'un autre côté, le gouverneur comprenait de plus en plus que Paris bloqué ne pouvait se sauver seul : il était de toute nécessité que la province vînt à son secours. Il fut alors décidé que l'un des membres du gouvernement résidant à Paris irait se joindre à la délégation de Tours pour activer la formation des armées de secours et hâter la délivrance de Paris. Le membre du gouvernement désigné pour cette périlleuse mission fut le ministre de l'intérieur, Léon Gambetta, qui devint de la sorte ministre de la guerre en province. Il partit de Paris le 7 octobre, dans la nacelle du ballon *l'Armand-Barbès*, qui faillit tomber au milieu des Prussiens. L'aéronaute parvint pourtant à lutter contre les vents contraires et à surmonter tous les obstacles : le ballon descendit à Epineuse, dans le département de la Somme.

Revenons maintenant aux opérations autour de Paris.

Le 13 octobre, une sortie vigoureuse, sous les ordres du général Vinoy, eut lieu sur Bagneux et Châtillon. Le combat fut très vif ; mais, comme il s'agissait surtout de se rendre compte des forces que l'on pouvait avoir devant soi, le gouverneur de Paris fit replier sur leurs cantonnements respectifs

les troupes engagées, dès que ce but eut été atteint :
il préparait, en effet, une sortie plus sérieuse, l'une
des plus importantes du siège, qui eut lieu quelques
jours plus tard, le 21 octobre, à Buzenval, du côté
du Mont-Valérien.

Les troupes (le 21 octobre) étaient placées sous
les ordres du général Ducrot et formées en trois
groupes. L'action fut vivement engagée ce jour-là
et ne se termina qu'à la nuit close. Nous avions
délogé les Prussiens de Buzenval et de quelques
autres positions. Malgré nos succès, notre état-major
n'osa pas, avec de jeunes troupes, tenter de continuer la lutte ; il ordonna le soir même la retraite sur
Paris.

« La sortie, dit M. G. Martiny de Riez, continuée
vigoureusement, eût pu aboutir à la prise de Versailles, où se trouvaient à peine 5 à 6,000 Prussiens.
Une vive agitation régnait dans cette ville, et les
Allemands, pris de panique, se disposaient à l'évacuer.

« Malheureusement, l'état-major français, pendant toute la durée du siège, n'a jamais été suffisamment et exactement renseigné, et, à cinq heures, le
général commandant le 14e corps donna à ses troupes
l'ordre de rentrer dans leurs cantonnements respectifs, ne se doutant pas de l'avantage facile qu'il eût
pu remporter, s'il avait poussé plus avant. »

Cette journée ne nous avait coûté en tout que
trente hommes tués, cinquante-trois disparus et deux
cent trente blessés.

Huit jours après Buzenval, une nouvelle sortie fut
faite sur le Bourget, point occupé par l'ennemi, et

qu'il était important de lui enlever, afin de l'obliger à étendre ses lignes d'investissement.

Nous débutâmes par un succès. Le 28 octobre, à la pointe du jour, le Bourget fut surpris par les francs-tireurs de la Presse et le 14° bataillon de mobiles, qui s'y établirent solidement, après en avoir chassé les Prussiens.

Vers onze heures, l'ennemi revint en force, appuyé par une formidable artillerie, alors que nos troupes ne disposaient que d'un nombre de batteries tout à fait insuffisant.

Malgré cette disproportion, les vainqueurs du Bourget s'y barricadèrent et repoussèrent toutes les attaques des Allemands, non seulement pendant la fin de cette journée du 28, mais encore pendant toute celle du 29 octobre. Le 30 seulement, après avoir épuisé toutes leurs munitions, ils furent contraints d'abandonner le Bourget, que l'ennemi réoccupa aussitôt.

La population de Paris fut vivement affectée par ce nouvel échec. Elle accusait le gouvernement et le gouverneur militaire de ne pas montrer assez de vigueur. Elle était donc déjà dans de mauvaises dispositions d'esprit lorsque lui parvint la nouvelle de la capitulation de Metz et de la trahison de Bazaine. Une agitation extrême régna aussitôt dans la capitale assiégée, d'autant plus vive que le bruit se répandit que le gouvernement cherchait à négocier avec la Prusse.

Le bruit était vrai. On se rappelle que, dans l'espoir d'obtenir une paix honorable, Jules Favre avait déjà ouvert des négociations à Ferrières au mois de

septembre. Mais les exigences de la Prusse avaient
empêché les pourparlers d'aboutir. « Ils furent re-

Attaque du Bourget.

pris, dit M. Périgot, à la fin d'octobre, par les soins

de M. Thiers, qui, après avoir visité inutilement
Londres, Saint-Pétersbourg, Vienne et Florence, pour
procurer à la France le secours militaire ou tout au
moins l'intervention diplomatique des grandes puis-
sances, fut chargé de la proposition d'un armistice.
Elle échoua contre les prétentions de la Prusse, qui
refusait d'autoriser le ravitaillement de Paris pendant la suspension des hostilités, et qui comptait
surtout sur l'anarchie intérieure de la capitale.

« En effet, à la suite de l'échec du Bourget, et à
la nouvelle des pourparlers d'armistice coïncidant
avec celle de la prise de Metz et de la trahison de
Bazaine, que le gouvernement avait eu la faiblesse de
cacher, le parti révolutionnaire se porta le 31 sur
l'Hôtel-de-Ville, fit prisonnière une partie du gouvernement, et proclama la Commune. Mais, au bout
de quelques heures, les membres du gouvernement
furent délivrés par leurs collègues demeurés libres.
Un scrutin fut ouvert le 3 novembre pour demander
à la population de Paris de confirmer ou d'annuler
les pouvoirs du gouvernement de la Défense nationale, et 350,000 *oui* contre 60,000 *non* se pronon-
cèrent pour son maintien. »

Jusqu'à la fin de novembre, Paris ne tenta plus
aucune sortie. Le temps fut employé à exercer, en-
traîner et réorganiser les forces militaires dont on
disposait, afin d'augmenter leurs chances de succès
quand elles auraient à se mesurer de nouveau avec
les troupes aguerries qui entouraient la capitale. Dès
le 6 novembre, les défenseurs de Paris furent, par
un décret, divisés en trois armées. Le général
Trochu, avec le général Schmitz pour chef d'état-

major général, se réservait le commandement en chef. Trois jours plus tard, le *Journal officiel* faisait connaître les noms des généraux placés à la tête de chacune de ces armées. C'étaient : Clément Thomas pour la première, Ducrot pour la deuxième, et Vinoy pour la troisième.

Mais si les assiégés ne perdaient pas leur temps, les assiégeants mettaient aussi le leur à profit.

« L'investissement était de plus en plus rigoureux, dit M. Périgot. Les Allemands, obligés de détacher des troupes contre les armées françaises de province, n'avaient pas plus de 200,000 hommes; mais, profitant de la seconde ligne de hauteurs qui entoure la capitale, des bois et des villages qui ornaient la banlieue, ils avaient formé trois lignes concentriques, défendues sur leur front par plus de huit cents pièces de campagne, en attendant les pièces de siège, par des retranchements en terre, par des maisons et des murs crénelés, par des abattis d'arbres, et reliées entre elles par des patrouilles incessantes de cavalerie et par des fils télégraphiques. Ces travaux étaient achevés avant que les troupes de Paris fussent en état de faire une sortie sérieuse.

« Trochu crut pouvoir tenter un effort, et, en même temps qu'il faisait une fausse démonstration vers Saint-Cloud, il porta la plus grande partie de ses forces sur la Marne (30 novembre). On arriva jusqu'à Champigny et Villiers; mais on dut, après de sanglantes rencontres, renoncer à forcer les lignes et rentrer dans le bois de Vincennes (3 décembre). »

Pendant les trois journées des 29, 30 novembre et 2 décembre, nous avions, il est vrai, infligé à l'ennemi des pertes considérables et remporté de glorieux succès sur divers points ; mais, en fin de compte, il nous avait fallu rétrograder, repasser la Marne, et le but de la sortie n'était pas atteint. Le cercle de fer qui se resserrait de plus en plus autour de Paris n'avait pu être brisé et franchi. Il était devenu tellement formidable, qu'il ne pouvait plus l'être.

Cependant, à Paris, on se berçait encore d'illusions et d'espoir. En effet, le 4 décembre, le général Ducrot avait annoncé aux Parisiens que la lutte n'était suspendue que pour un instant et qu'on allait la reprendre avec résolution. On ne put la recommencer que dix-huit jours plus tard, car un brusque abaissement de température (le thermomètre descendit jusqu'à 16° et 18° au-dessous de zéro) empêcha toute sortie de troupes en rase campagne jusqu'au 21 décembre.

La sortie eut encore lieu, ce jour-là, en grande partie du côté de la Marne. L'attaque commença dans la matinée sur un grand développement, depuis le Mont-Valérien jusqu'à Nogent. Le Bourget fut repris aux Prussiens, mais cette fois par les marins de la garnison de Saint-Denis, qui s'y maintinrent avec acharnement tant que le feu de l'ennemi ne les eut pas par trop décimés. Ces héroïques soldats laissèrent sur le champ de bataille plus de la moitié de leur effectif.

La reprise du froid contraignit encore les troupes de Ducrot à rentrer à Paris au bout de quatre jours.

« La continuation d'une gelée excessive rend les travaux impossibles; plusieurs cas de congélation se produisent, » déclarait à ce propos le général Trochu aux Parisiens.

Le 24 décembre, en effet, le thermomètre était redescendu jusqu'à 15° au-dessous de zéro, et quatre cents cas de congélation avaient été constatés parmi les défenseurs de la capitale. Ce fut là une triste nuit de Noël, que les Prussiens employèrent activement à l'installation définitive de leurs canons Krupp, afin de commencer sans retard le bombardement de l'immense cité qui ne voulait décidément pas se rendre et qu'ils n'avaient point le courage d'attaquer de vive force.

Il commença le 28, ce cruel bombardement, et, contrairement aux usages reçus de temps immémorial, il fut commencé sans avertissement, sans sommation préalable de la part des Prussiens. Les forts de Noisy, de Rosny, de Nogent — nos forts de l'est — et le plateau d'Avron, servirent les premiers de but aux obus ennemis, et en reçurent ce jour-là plus de trois mille.

Le 29, de nouvelles batteries de canons Krupp se joignirent à celles qui bombardaient déjà sans relâche le plateau d'Avron, notre conquête du 30 novembre, et nous obligèrent à abandonner cette position. En effet, les soixante-quinze pièces de marine qui défendaient le plateau n'étaient pas capables, malgré leur fort calibre, de lutter avec les canons Krupp; elles furent reportées en arrière des forts, et le bombardement de ceux-ci continua sans relâche.

Le 2 janvier, ce fut le tour des forts du sud, et,

« du 5 au 27, les quartiers de la rive gauche furent écrasés d'obus, dit M. Périgot, sans sommation préalable, et malgré la protestation du corps diplomatique et consulaire.

« La défense était devenue presque impossible; les vivres et le charbon commençaient à devenir rares, et la plupart des chevaux avaient servi à l'alimentation; ceux qui survivaient pouvaient à peine traîner l'artillerie.

« Les chefs militaires n'avaient pas su tirer parti des éléments de défense que leur offrait le patriotisme de la population; ils n'avaient point su organiser sérieusement la garde nationale et ne considéraient la défense que comme une folie héroïque et un sacrifice à l'honneur national, sans espoir de succès.

« Le parti démagogique accusait le gouvernement de trahison, et, pour le satisfaire, Trochu commanda une sortie vers Montretout et Buzenval (19 janvier). Mais l'artillerie, retardée par l'état des chemins, ne put arriver à temps, et les troupes françaises, impuissantes contre des murailles crénelées, furent décimées et forcées de rentrer dans Paris.

« Ce fut un prétexte pour le parti démagogique de tenter un nouveau coup. Le 22 janvier, les révolutionnaires se portèrent à l'Hôtel-de-Ville, demandant l'établissement de la Commune et le renversement du gouvernement. Mais ils furent repoussés par les bataillons demeurés fidèles. — Les Prussiens profitaient de cette anarchie et bombardaient au nord le fort et la ville de Saint-Denis.

« Le gouvernement jugea la défense impossible; la nourriture était rationnée à vingt-cinq grammes de viande et à trois cents grammes d'un pain détestable, dont il n'y avait plus que pour dix jours ; il songea à traiter. Jules Favre se rendit à Versailles, où fut signé, le 28 janvier, l'armistice qui suspendait les hostilités jusqu'au 19 février. »

Nous verrons un peu plus loin les dures conditions auxquelles Bismarck consentait cet armistice, d'autant plus cruelles pour les Parisiens, que leurs murailles et leurs forts demeuraient intacts, et qu'ils n'étaient vaincus que par la faim. Mais il n'y avait plus moyen de retarder la capitulation ; à moins de mourir de faim, on se trouvait maintenant contraint de subir toutes les conditions de l'ennemi.

VIII.

Les deux armées de la Loire. — D'Aurelle de Paladines et Chanzy.

Tant que les armées allemandes avaient eu devant elles les armées de Napoléon III et de Bazaine, elles n'avaient eu d'autre objectif que de les détruire ou de les réduire à l'inaction. « Elles étaient arrivées à ce résultat à Sedan et à Metz. Du jour où elles n'eurent plus à compter avec ces deux armées, elles se répandirent dans les départements du Nord-Est, assiégeant les villes fortes, pillant et réquisitionnant les villes ouvertes, les bombardant même, comme à Sainte-Marie-aux-Mines le 12 septembre, Mantes le 14 du même mois, Epernon le 4 octobre, et tant d'autres que nous pourrions citer. » Bientôt, comme nous venons de le voir, elles vinrent investir notre capitale et se répandre dans l'ouest et dans le centre de notre patrie.

En effet, dès qu'ils furent arrivés sous les murs de Paris, les Prussiens commencèrent par s'étendre à vingt ou vingt-cinq lieues tout autour de son enceinte, afin de nourrir leur armée avec les ressources du pays occupé ; puis, dans l'intention de couper toute espèce de communications entre notre capitale et le midi de la France, ils détachèrent un corps d'armée sur Orléans. Celui-ci, commandé par le prince Albert, « après une rencontre indécise à Artenay le 26 septembre, avait été repoussé à Toury par le général de La Motte-Rouge et forcé d'évacuer le Loiret (5 octobre). Il fut renforcé par tout un corps d'armée bavarois sous von der Thann, qui refoula les Français à Artenay le 10 octobre. »

Le corps français qui fut ainsi obligé de se replier sur Artenay était le 15e, le seul en ce moment à peu près en état de résister à l'ennemi. C'était le noyau de l'armée de secours en vue de la délivrance de Paris que l'on avait commencé à former aussitôt après le 4 septembre, et dont la formation n'était qu'en partie effectuée sur les rives de la Loire lors de l'arrivée de Gambetta à Tours. Les jeunes troupes inexpérimentées qui la composaient étaient incapables d'opposer une sérieuse résistance à un ennemi aussi fortement organisé que les Allemands, encore moins d'attaquer nos envahisseurs. Il n'est donc point surprenant qu'elles aient été, le 10 octobre, forcées de se retirer devant le prince Albert et von der Thann. Le général de La Motte-Rouge, qui les commandait, dut même évacuer Orléans, où les Allemands entrèrent, et tout le val de la moyenne Loire se trouva envahi jusqu'à Vierzon.

Telle était la situation sur la Loire lorsque Gambetta arriva à Tours, le 9 octobre. Immédiatement, « il travailla avec ardeur à l'armement de la France, dit M. G. Martiny de Riez, à la fabrication des cartouches et des munitions. Après un rapide voyage à Besançon, le jeune membre du gouvernement revint à Tours, où il trouva d'assez mauvaises nouvelles du théâtre de la guerre. Vesoul venait d'être occupé par les Prussiens ; Soissons, après un assez long siège, avait capitulé le 16, après trois jours de bombardement. La garnison, forte de 4,000 hommes, fut emmenée prisonnière.... Les Prussiens étaient entrés à Châteaudun, après l'héroïque résistance que l'on connaît ; enfin, Chartres ayant été investi par une force de 20,000 hommes, avec quarante pièces de canon, le préfet avait conclu avec le général Wittich une convention en vertu de laquelle toutes les troupes pouvaient quitter la ville, qui ne fut frappée d'aucune contribution d'argent. »

Il était vraiment temps, dit de son côté M. C. Périgot, « qu'un homme d'action, énergique et passionné, vînt donner à la résistance nationale l'impulsion qui lui manquait ; mais c'est dès l'origine qu'on aurait dû lui donner cette mission. Par l'énergie qu'il déploya, par ce qu'il fit, réduit à lui seul, on peut juger de ce dont il eût été capable un mois plus tôt dans cette crise où les minutes étaient des siècles. Gambetta appela tous les partis à la défense du pays. Une armée fut formée dans l'Ouest sous des chefs vendéens, Charette et Cathelineau, avec les populations bretonnes et les zouaves pontificaux. »

Dans l'Est, ce fut Garibaldi, accouru en France à

CHARETTE.

la tête de quelques partisans pour mettre à notre disposition son grand cœur et son épée, qui fut mis à la tête de toutes les troupes irrégulières, fort nombreuses dans cette région. Bourbaki reçut le commandement d'une armée en formation dans le Nord. Enfin, sur la Loire, le général de La Motte-Rouge fut remplacé par d'Aurelle de Paladines, qui fut chargé de reconstituer une armée au moyen des débris du 15e corps, auxquels on adjoignit d'autres régiments de mobiles et de vieilles troupes tirées de nos garnisons et de nos dépôts d'Algérie.

Certes, la plupart des soldats destinés à composer toutes ces nouvelles armées en formation étaient d'origines bien diverses et peu aptes, au début, à opposer une sérieuse résistance à nos envahisseurs. C'étaient des francs-tireurs, des mobiles tout récemment arrachés à leurs familles et dépourvus de toute espèce d'instruction militaire, à peine entourés de quelques soldats plus solides sortis de notre armée régulière. Les officiers eux-mêmes étaient pour la plupart assez inexpérimentés. Aussi les hommes du métier n'eurent-ils tout d'abord que fort peu de confiance dans des armées ainsi composées. Cependant, ne l'oublions pas, le courage et le dévouement dont ne cessèrent de faire preuve ces pauvres petits soldats qui s'instruisaient sur les champs de bataille forcèrent plus tard, la guerre finie, le maréchal de Moltke à s'exprimer ainsi sur leur compte, un jour que des officiers allemands qui l'entouraient s'amusaient à tourner en ridicule les armées improvisées de la Défense nationale :

« Oui, messieurs, tout ce que vous voudrez !

Mais souvenez-vous qu'après Sedan et après Metz, nous croyions la guerre finie et la France abattue, et que, pendant cinq mois, ces armées improvisées ont tenu les nôtres en échec. Nous avons mis cinq mois à battre des conscrits et des mobiles. C'étaient des foules plutôt que des régiments, j'en conviens avec vous ; mais ces cohues nous tenaient tête. Vous pouvez oublier ces choses, vous qui n'avez eu que le contentement de la victoire ; mais je ne l'oublie pas, je vous l'avoue, et je n'en souris pas ; car j'ai eu le tracas et le grand souci de cette résistance inattendue. Enfin, messieurs, conclut textuellement le maréchal, cette lutte nous a tellement étonnés au point de vue militaire, qu'il nous faudra étudier cette question durant de longues années de paix (1). »

En même temps que Gambetta rappelait d'Algérie tout ce qu'il pouvait de troupes déjà exercées pour encadrer les recrues et les mobiles qui devaient composer l'armée de la Loire, il faisait revenir d'Afrique, où l'empire l'avait laissé au début de la guerre, un général de brigade, Chanzy, qui allait bientôt s'immortaliser par son patriotisme, son énergie et ses talents militaires. Gambetta donna à Chanzy le grade de général de division en l'envoyant à l'armée de la Loire.

Jusqu'à l'arrivée de ce nouveau divisionnaire, cette armée ne se composait guère, on le sait déjà, que du 15ᵉ corps ; on ne la connaissait même que sous cette appellation du 15ᵉ corps ; elle venait de passer sous le commandement du général d'Aurelle de Paladines,

---

(1) J.-B. Dumas, *la guerre sur les communications allemandes.*

Général D'Aurelle de Paladines.

et était campée dans le Cher et le Loiret, entre Argent et la Motte-Beuvron. Elle comptait de 40 à 50,000 hommes.

A la fin d'octobre, Chanzy prit le commandement du 16e corps, qui venait d'être organisé et qui forma avec le 15e l'armée commandée par le général d'Aurelle. Le 17e corps, confié au général de Sonis, ne fut définitivement organisé qu'un peu plus tard. Cette armée avait toujours pour objectif la délivrance de Paris. C'était le moment où l'armée du prince Frédéric-Charles, délivrée de toute entrave par la capitulation de Metz, s'avançait rapidement sur la capitale pour venir augmenter le nombre des assiégeants.

Le danger était alors pour nous plus imminent que jamais. Les 200,000 Allemands devenus disponibles depuis la chute de Metz s'étaient divisés en trois corps d'armée, qui s'avançaient au cœur de la France dans trois directions différentes : 30,000 hommes étaient allés renforcer l'armée qui assiégeait Paris ; 60,000, sous le commandement de Manteuffel, s'avançaient sur Amiens et Rouen par la route de Reims. Le reste enfin (près de 110,000 hommes), formant une armée redoutable commandée par le prince Frédéric-Charles, marchait sur Troyes et Sens, afin de pouvoir de là se porter à volonté, selon les circonstances et les besoins, soit sur Lyon, soit sur le centre de la France.

En ce moment critique, l'organisation de l'armée de la Loire était loin d'être complète : il aurait bien fallu au moins quinze jours encore pour la terminer avant de lancer nos jeunes troupes en face de l'ennemi. Mais les circonstances ne permirent pas d'attendre ; la capitulation de Metz, en rendant disponibles les 200,000 Allemands qui s'avançaient maintenant au cœur de la France, obligea l'armée de la Loire à entrer en campagne avant d'être suffisamment prête.

Malgré cela, le début des opérations nous fut favorable : quelques succès firent renaître l'espoir parmi nous.

Au commencement de novembre nous reprîmes l'offensive. La première division du 15e corps (général Martin des Pallières) remonta au nord-est pour franchir la Loire, à Gien. Aussitôt le gros de l'armée se porta sur Beaugency, passa sur la rive droite dans les premiers jours de novembre, et effectua sa jonction avec le 16e corps, commandé par le général Chanzy, qui se trouvait en avant dans la forêt de Marchenoir.

« Un premier engagement qui nous fut favorable eut lieu le 7, à Saint-Laurent-des-Bois, à l'ouest d'Orléans ; les Prussiens furent repoussés sur Vallière et Villeclair. La cavalerie, poursuivant l'ennemi, fit soixante-quatre prisonniers ; les Allemands laissaient sur le terrain deux officiers et cinquante hommes.

« Le général von der Thann évacua précipitamment Orléans et se porta sur Coulmiers, où il fut culbuté le 9, laissant entre nos mains deux canons, bon nombre de caissons et de voitures, et 2,000 prisonniers. Nous avions eu 1,500 hommes tués ou blessés. »

Mais la bataille de Coulmiers, quelque glorieuse qu'elle fût, n'amena pour nous aucun résultat matériel immédiat. Notre armée n'était pas suffisamment organisée pour profiter sans retard de la victoire et tenter de faire lever sans coup férir le siège de Paris ; d'ailleurs, l'armée allemande de Metz aurait été rendue avant elle sous les murs de notre capitale.

Toutefois, si notre victoire de Coulmiers, remportée dix jours après la capitulation de Metz, ne nous valut aucun résultat matériel, son résultat moral fut considérable. Pendant que nous reprenions l'espoir, les soldats allemands, tout surpris d'avoir été vaincus, commençaient à appréhender de nouvelles rencontres avec ces jeunes troupes que leurs chefs leur avaient présentées comme incapables de solidité et de résistance.

A la suite de la bataille de Coulmiers, l'ennemi avait été rejeté jusque sur Toury, et nous étions rentrés à Orléans.

Malheureusement, l'armée de d'Aurelle de Paladines n'avait que deux corps réellement disponibles sur les quatre dont elle devait se composer : deux n'étaient pas encore complètement formés. On dut donc se borner à se retrancher sur les positions conquises sans tenter d'aller en avant.

Pendant ce temps, von der Thann recevait des renforts considérables. Le grand-duc de Mecklembourg, arrivant par Dreux, le rejoignait avec 70,000 hommes, et le prince Frédéric-Charles quittait Sens avec toute son armée pour venir à son secours et s'avançait sur Montargis. Il était indispensable de tenter d'empêcher la jonction du prince avec les deux autres corps allemands ; aussi l'armée de la Loire s'avança-t-elle à sa rencontre; et, le 28 novembre, Frédéric-Charles fut attaqué furieusement par les Français à Ladon, Mézières et Beaune-la Rolande. Malgré tout leur héroïsme, ceux-ci furent finalement repoussés et forcés « de se rejeter vers l'ouest, où Chanzy emporta, le 1ᵉʳ décembre, les positions de Terminiers et de Guillonville, près Patay; elles furent reprises le lendemain par le grand-duc de Mecklembourg, et le 3 recommença une bataille acharnée où, malgré la belle défense du général de Sonis et le dévouement des zouaves pontificaux, dont le commandant Charette fut grièvement blessé, il fallut reculer sur Orléans. »

Le 3 décembre au matin, en effet, et malgré tous nos efforts pour l'en empêcher, l'armée de Frédéric-Charles avait opéré sa jonction avec celle du grand-duc de Mecklembourg. Elle présentait un front de bataille formidable, qui s'étendait de Chevilly à Toury. En présence de forces aussi considérables, le général en chef de l'armée française s'était vu contraint de faire dessiner à ses troupes un mouvement de retraite que les deux généraux allemands, en réunissant toutes leurs forces, l'obligèrent à accentuer rapidement.

D'Aurelle de Paladines était à peine arrivé à Orléans, que les Allemands, qui le suivaient de près, bombardèrent les faubourgs de la ville (4 décembre). Il se résigna à abandonner Orléans une seconde fois et l'évacua pendant la nuit. Les Allemands y rentrèrent aussitôt.

A la suite de l'évacuation d'Orléans, le général d'Aurelle de Paladines fut relevé du commandement

Général Chanzy.

en chef de l'armée de la Loire. Celle-ci fut alors partagée en deux.

La première armée, formée des 13e, 18e et 20e corps, fut mise sous les ordres du général Bourbaki ; nous la retrouverons dans un prochain chapitre.

La deuxième armée, composée des 16e, 17e et 21e corps, fut confiée par Gambetta au général Chanzy, qui en devint le commandant en chef : ce fut la *deuxième armée de la Loire*.

Tous les revers nous survenaient à la fois. Pendant que nous étions refoulés au sud d'Orléans, la grande sortie de Paris sur Champigny et Villiers échouait définitivement le 3 décembre ; et dans le Nord, puis en Normandie, l'armée de Manteuffel, comme nous le verrons dans le prochain chapitre, remportait divers succès qui lui permettaient d'occuper en huit jours, d'abord Amiens, puis Rouen.

Dans ces conditions, la délégation du gouvernement n'était plus en sûreté à Tours : elle dut se transférer à Bordeaux.

Loin de faiblir devant ces revers accumulés, l'énergie de la défense sembla acquérir des forces nouvelles. « Les armées sortirent par enchantement du sol, organisées avec une merveilleuse rapidité par un simple ingénieur, délégué à la guerre, M. de Freycinet. »

Mais revenons aux opérations de l'armée de la Loire.

Chanzy conservait toujours, et malgré tout, l'espoir de débloquer Paris avec le concours de nos autres armées de province. Cependant le grand-duc de

Mecklembourg ne lui laissait aucun repos; il s'a-
charnait après lui. Chaque jour, c'était une attaque
nouvelle qu'avait à repousser la deuxième armée de
la Loire. Elle n'eut d'abord affaire qu'aux troupes de
Mecklembourg; mais celles-ci furent bientôt renforcées par celles du prince Frédéric-Charles, et
Chanzy parvint à soutenir sans broncher tous ces
chocs répétés.

Dès le début de leurs continuelles attaques, les
troupes du grand-duc éprouvèrent « une résistance
inattendue, quand elles se portèrent sur Meung au-
devant des Français. On se battit toute la journée du
7; le résultat fut indécis. Le lendemain, la bataille
recommença sur toute la ligne, entre la Loire
et Saint-Laurent-des-Bois, et, sur la fin du jour,
les positions françaises étaient à peine entamées.
Le 9 et le 10 décembre, renforcé par le 21ᵉ corps,
qui était arrivé en toute hâte du Mans, sous les
ordres de l'amiral Jaurès, Chanzy prit à son tour
l'offensive.

« Vers le 10 décembre, toute l'armée allemande
était concentrée sur l'attaque de Beaugency, à l'exception des Bavarois, qui, abîmés dans les derniers
combats, étaient rentrés à Orléans. A Josnes, le 10,
malgré les attaques vigoureuses renouvelées par les
Prussiens, le général Chanzy tint bon toute la
journée sur les positions qu'il avait habilement
choisies; on se battit depuis huit heures du matin
jusqu'à cinq heures du soir; l'ennemi fut partout
repoussé, bien que nos troupes eussent affaire à une
très nombreuse artillerie. Nous avions fait quatre
cents prisonniers dans cette journée. »

Chanzy venait ainsi de lutter, sans se laisser entamer, contre cinq corps d'armée commandés par le prince Frédéric-Charles en personne. Après quatre jours de combats consécutifs et acharnés, il couchait encore sur ses positions. Les Allemands avaient éprouvé des pertes considérables. Toutefois, devant une armée ennemie aussi nombreuse, Chanzy fut encore forcé de reculer, mais il recula pied à pied, présentant constamment le front à l'ennemi. Il se retira sur le Loir et dirigea sa retraite du côté de Vendôme.

Tours se trouvait ainsi dégarni, et toute la vallée de la Loire était ouverte aux envahisseurs.

Pendant que Chanzy combattait vaillamment sur la rive droite de la Loire, un corps prussien de 20,000 hommes descendait, sur la rive gauche, par Saint-Hilaire, Cléry, Saint-Laurent-des-Eaux, et surprenait, le 9 décembre, le général Maurandy dans le parc du château de Chambord. Le lendemain, l'ennemi était à Blois et menaçait Amboise et Tours. Si la précaution de couper les ponts sur la Loire n'avait pas été prise, l'armée de Chanzy aurait été tournée aussitôt et menacée de destruction. Cette précaution retarda la marche des Prussiens et sauva la deuxième armée de la Loire. Seulement la présence des Prussiens à Blois obligea Chanzy à accentuer sa retraite.

Il le fit, mais avec lenteur, et soutint encore deux jours de suite, sans se laisser entamer, les 14 et 15 décembre, à Fréteval et en avant de Vendôme, les attaques réitérées et furieuses des Allemands, qui ne purent l'empêcher d'être rejoint par des renforts venus de Bretagne et d'aller avec eux s'établir près du Mans.

Chanzy arriva au Mans le 20 décembre. Tout autour de la ville il fit occuper de fortes positions par le gros de son armée. Par ses ordres, les environs de la ville se hérissèrent d'ouvrages fortifiés; de nombreuses batteries furent placées sur tous les points élevés. Le camp de Conlie fut levé, et une partie des troupes qui le composaient vint rejoindre l'armée au Mans; les soldats les moins exercés du camp furent envoyés à Rennes.

De leur côté, le grand-duc de Mecklembourg et le prince Frédéric-Charles n'avaient point discontinué de s'avancer sur le Mans. Le 6 janvier, ils attaquèrent, mais sans succès, deux divisions françaises en avant de Saint-Amand; ils furent repoussés avec des pertes sérieuses vers Vendôme.

Mais les deux généraux allemands ne tardèrent pas à revenir à la charge avec un nouvel acharnement. Frédéric-Charles attaqua Chanzy le 10 janvier 1871 « dans les positions de Montfort et Jupille, en avant du Mans, et le força de se replier. Le lendemain, Chanzy eut à lutter au Mans même contre les deux armées allemandes réunies, et dut battre en retraite, après l'abandon d'une position importante par les mobilisés de Bretagne; poursuivi encore, le 13 à Conlie et Beaumont, le 15 à Vaiges, il put enfin atteindre Mayenne et Laval. — Alençon fut envahi le 16 par Mecklembourg. La basse Normandie, ouverte comme la haute, était occupée, et toute espérance perdue de ce côté pour Paris. »

Le général Chanzy avait pris ses cantonnements à

Laval. Il s'y occupait activement de la reconstitution de son armée, et, grâce aux renforts qu'il avait reçus de Cherbourg, il se préparait à reprendre les opérations, lorsque la nouvelle de l'armistice arriva en province. Quelques jours après, la deuxième armée de la Loire était licenciée.

IX.

L'armée du Nord. — Le général Farre. — Faidherbe.

Ce n'était pas seulement sur la Loire, au sud de
Paris, que nos armées improvisées soutenaient le
choc de nos envahisseurs. « Les masses d'hommes
suscitées et armées par le génie de Gambetta luttaient partout, des Vosges et du Jura jusqu'à la
Somme et à la Sarthe, » dit Henri Martin, qui
ajoute : « Quoique étant la moins nombreuse et ne
pouvant que servir d'appoint et opérer des diversions
en faveur de Paris et de nos autres armées, notre
armée du Nord jouait un rôle notable depuis la fin
de novembre.

« Deux hommes énergiques, le commissaire Tes-
telin et le colonel Farre, directeur des fortifications
à Lille, avaient commencé péniblement, en octobre,

Général FARRE.

de rassembler dans le Nord quelques éléments d'organisation. On n'avait que des dépôts de ligne sans cadres et de la garde mobile non exercée. On forma des cadres, comme on put, avec des officiers et des sous-officiers évadés de Sedan et de Metz. Il en était arrivé jusqu'à quatre cents. On créa quelques batteries. Le général Bourbaki fut envoyé de Tours pour prendre le commandement.

« Il fit de son mieux ; mais, découragé d'avance, objet de soupçons naturels, quoique injustes, pour son voyage de Metz à Londres, il ne prit point l'ascendant nécessaire afin de dominer ces défiances et d'inspirer autour de lui l'espérance qu'il n'avait pas. Il fut bientôt rappelé du Nord à Tours, où malheureusement il reçut cet autre grand commandement qu'il ne sollicitait point (celui de l'armée de l'Est), dont il était effrayé, et qu'il n'était pas moralement en mesure d'exercer.

« Le commandement du Nord resta provisoirement au colonel, devenu général Farre. Ce chef actif et résolu se mit rapidement en mesure d'agir. Il n'avait à sa disposition qu'une division d'infanterie au complet, une seconde en formation, sept batteries et une poignée de cavaliers (quatre escadrons). Il essaya cependant de défendre Amiens contre le général Manteuffel, qui s'avançait de l'Oise sur la Somme avec des forces très supérieures, un corps d'armée, la moitié d'un autre, une division de cavalerie et une artillerie double de la nôtre. Le général Farre accepta la bataille en avant d'Amiens, au midi de la Somme (27 novembre).

« Notre petite armée improvisée défendit bravement, toute la journée, les plateaux entrecoupés de tourbières qui s'étendent entre la Somme et trois petits affluents de sa rive gauche. Nos jeunes troupes obtinrent l'avantage sur divers points ; mais l'ennemi, par la force du nombre, resta enfin maître des deux importantes positions de Villers-Bretonneux et de Boves. Nos munitions étaient épuisées ; nous dûmes nous retirer dans la nuit et repasser la Somme en évacuant Amiens et en laissant garnison dans la citadelle. L'ennemi, qui avait souffert, n'inquiéta pas notre retraite ; il somma la citadelle ; le commandant (Vogel) repoussa énergiquement les sommations ; par malheur, il fut tué et mal remplacé ; son successeur capitula (30 novembre).

« Manteuffel ne poussa pas plus loin. L'occupation d'Amiens lui suffisait pour le moment, et l'état-major prussien était plus pressé d'étendre ses progrès vers l'ouest que vers le nord.

« Les Allemands étaient fort préoccupés de la mer, dont nous restions maîtres, et d'où nous tirions tant de secours en munitions et en armes ! Manteuffel se porta vers Rouen et la basse Seine. »

La Normandie était mal défendue par de petits corps indépendants l'un de l'autre ; ces petits corps isolés ne pouvaient guère faire de résistance à un ennemi qui veillait toujours avec le plus grand soin à maintenir sa stricte et rigoureuse concentration. Aussi, lorsque les Allemands se présentèrent devant Rouen, cette ville, abandonnée par le général Briand, dut-elle capituler à la suite de deux petits combats dans lesquels les Français avaient perdu un canon et quatre cents hommes faits prisonniers.

Général Faidherbe.

Manteuffel entra le 5 décembre dans la vieille cité normande, et les deux départements de la Seine-Inférieure (à l'exception de la péninsule du Havre) et de l'Eure tombèrent au pouvoir de l'ennemi, qui se trouva de la sorte facilement relié avec l'armée assiégeant Paris et avec celle du grand-duc de Mecklembourg.

La pointe faite en Normandie par Manteuffel avait laissé quelque répit à notre petite armée du Nord. Elle en profita pour se réorganiser et se renforcer.

Un nouveau commandant en chef venait de lui être donné, le général Faidherbe, qui, dans notre colonie du Sénégal, s'était montré excellent chef militaire et fort habile administrateur. Au moment de la déclaration de guerre, il se trouvait en Algérie, où il avait été, comme Chanzy, intentionnellement laissé. L'empire, qui connaissait ses opinions républicaines, le tenait à l'écart.

Dès que la République eut été proclamée, Faidherbe offrit de nouveau ses services contre les Prussiens. Gambetta s'empressa d'accueillir son offre, le promut général de division, et, à la fin de novembre, lui donna le commandement en chef de l'armée du Nord, commandement que le général Farre n'exerçait que provisoirement depuis que Bourbaki avait été appelé à l'armée de l'Est.

Gambetta ne pouvait faire un meilleur choix.

Faidherbe, aux colonies, s'était montré habile organisateur. En face de l'invasion prussienne, il se fit rapidement connaître comme excellent général. Avec des troupes démoralisées, et formées d'éléments très divers et insuffisants, il parvint à se faire, en moins d'un mois, une armée d'une quarantaine de mille hommes, dont, au début, dix mille à peine étaient solides et disciplinés. Mais Faidherbe sut quand même utiliser le reste et parvint en peu de temps à en faire des soldats capables de tenir bon devant le feu de l'ennemi.

Chose meilleure encore, Faidherbe, enfant du Nord — il était né à Lille — sut rendre la confiance aux populations de cette région, qui le regardaient comme leur sauveur, comme le sauveur de la France. Toutes les premières opérations du général Faidherbe lui attirèrent, en effet, la confiance des soldats et des populations. Cette confiance était bien placée, car le général de l'armée du Nord sut rapidement employer la seule tactique qui avait chance de nous réussir avec des armées improvisées contre un ennemi fortement organisé.

Ayant à lutter avec des troupes jeunes et inexpérimentées contre un des meilleurs généraux de l'armée allemande, von Gœben, Faidherbe fit le genre de guerre qui lui avait si bien réussi en Afrique, fatiguant, par un système d'attaques imprévues et de retraites rapides, un ennemi supérieur en nombre, le harcelant sans cesse jusqu'au moment où, en prenant vigoureusement l'offensive, il pouvait le frapper à coup sûr. Ce fut ainsi qu'il remporta à Pont-Noyelles (3 décembre) et à Bapaume (3 janvier 1871) deux victoires retentissantes qui obligèrent son adversaire à demander des renforts au quartier général allemand.

Avec l'armée du Nord, Faidherbe a fait des prodiges. L'honneur de la lutte lui revient tout entier, déclare, dans son livre sur *la Guerre en province*, M. de Freycinet, qui ajoute aussitôt : « Car, coupé de ses communications avec le reste de la France, il dut se suffire à lui-même. A la fois administrateur et capitaine, il organisa et entretint l'armée du Nord. Il fit, d'ailleurs, de ses forces restreintes un emploi tel, que ses coups eurent le même retentissement que s'ils avaient été portés par des armées plus nombreuses. »

La situation n'était certes pas belle à l'armée du Nord lorsque Faidherbe en prit le commandement au commencement du mois de décembre. Avant l'incursion de Manteuffel en Normandie, nous venions de perdre non seulement Amiens, mais encore La Fère, qui avait été obligée de capituler le 27 novembre, après un investissement de douze jours et un bombardement qui avait duré trente heures consécutives. L'ennemi avait lancé sur la ville trois mille six cents obus ou bombes, parmi lesquels plusieurs étaient chargés au pétrole. En Normandie, elle était pire encore. Les Allemands occupaient Rouen et Dieppe et menaçaient le Havre.

Le nouveau général en chef jugea qu'il fallait à tout prix opérer une diversion, afin de sauver notre grand port commercial de la Manche. Il y parvint par une action audacieuse qui réussit pleinement : il coupa hardiment les communications des Allemands entre la Normandie et le Nord en s'emparant de Saint-Quentin et de Ham, et occupa toute la ligne de l'Oise. Manteuffel se vit de la sorte contraint de revenir en toute hâte vers le Nord, et, le 23 dé-

cembre, il attaquait furieusement Faidherbe à Pont-
Noyelles.

Le général français disposait alors d'un effectif
d'environ 40,000 hommes, partagé en quatre divisions d'infanterie, accompagnées de six escadrons
de cavalerie, de soixante-six pièces de campagne et
de douze pièces de montagne, effectif qu'il avait
organisé en deux corps d'armée, l'un, le 22ᵉ. commandé par le général Lecointe, l'autre, le 23ᵉ, sous
les ordres du général Paulze d'Ivoy.

La bataille fut acharnée pendant toute la journée
du 23. « On se disputa opiniâtrément les villages
situés le long de l'Hallue. L'ennemi, chassé de l'un
de ces villages, parvint à se maintenir dans d'autres
qui avaient été pris et repris ; mais il ne réussit pas à
en déboucher, et nos troupes restèrent maîtresses
des hauteurs ; elles couchèrent sur leurs positions, à
découvert, par une dure gelée, qu'elles supportèrent
avec une fermeté digne des plus solides vétérans. »

Manteuffel ne recommença point l'attaque le lendemain. La journée de Pont-Noyelles fut donc une
victoire pour nous. Mais Faidherbe, ne pouvant
songer à reprendre Amiens, couvert par l'armée ennemie tout entière, tint à faire reposer ses soldats,
très fatigués et éprouvés par la rigueur de la température. De plus, dans la crainte que l'ennemi ne se
fît envoyer de Normandie ou de Paris de nouveaux
renforts pour écraser notre armée, il jugea prudent
« d'aller chercher des cantonnements plus sûrs sur
la rive droite de la Scarpe, entre Arras et Douai,
pour donner aux hommes quelques jours de repos
bien gagnés, et profiter de toutes les facilités que

donnait cette situation pour les ravitaillements de toute nature dont l'armée avait grand besoin. »

Après la bataille de Pont-Noyelles, Prussiens et Français s'étaient réciproquement attribué la victoire. Faidherbe ne tarda pas à prouver que celle-ci nous appartenait réellement.

« Dès le 1er janvier, dit M. de Freycinet, et malgré un froid excessif, il reprit l'offensive. L'armée, abandonnant les lignes de la Scarpe, où l'ennemi *n'osait l'attaquer*, prit position devant Arras. Le 2, elle se mit en marche vers les cantonnements de l'armée prussienne autour de Bapaume, petite ville à moitié chemin entre Arras et Péronne, et les attaqua le jour même. La bataille se prolongea tout le lendemain. »

En effet, le 3 janvier, dès la pointe du jour, le général Faidherbe, décidé à chasser les Allemands de Bapaume et à les forcer de lever le siège de Péronne, dont ils avaient commencé le bombardement, attaqua avec toutes ses forces les positions de l'ennemi.

Celui-ci se défendit avec une grande opiniâtreté dans les différents villages qu'il occupait. Le combat fut surtout acharné à Biefvillers, centre de la position ennemie, qui ne fut enlevé qu'après plusieurs retours offensifs, et après avoir été tourné par la gauche et débordé par la droite.

Aussitôt après l'enlèvement de Biefvillers, où les Allemands laissèrent entre nos mains un grand nombre de prisonniers, l'artillerie fut portée vers Avesne-le-Bapaume, où elle eut à soutenir une lutte terrible contre l'artillerie de l'adversaire ; elle parvint enfin à éteindre le feu de l'ennemi, et l'armée du Nord tout entière se porta sur Bapaume.

Avesne-le-Bapaume fut enlevé au pas de course, et les Allemands durent se retrancher dans Bapaume même; une colonne, qui cherchait à tourner notre droite par Tilloy, était délogée de sa position par le colonel Pittié, commandant la première brigade de la division Derroja.

A six heures du soir, le général Faidherbe était entièrement maître du champ de bataille, où les Allemands avaient laissé un nombre considérable de morts et de blessés.

Dans la nuit du 3 au 4, les Allemands, persuadés que l'armée française allait reprendre de nouveau l'offensive, et ne se sentant pas de force à lutter, évacuaient Bapaume et se retiraient dans la direction de Péronne.

« Le froid était tellement intense, dit M. de Freycinet, et la neige si épaisse dans les chemins, que pendant plusieurs jours toutes opérations furent suspendues de part et d'autre.

« Sur ces entrefaites, la ville de Péronne se rendit, sans que rien eût pu faire prévoir une semblable capitulation. Ce fut pour l'armée du Nord un coup sensible, car cette place gênait sérieusement les mouvements de l'ennemi. Le général Faidherbe en éprouva un vif désappointement.... »

Le général de l'armée du Nord reprit cependant les opérations dès le 12 janvier. Il revint sur Bapaume et s'avança jusqu'à Albert, où il entra sans coup férir, l'armée allemande se repliant devant lui. Le 15, nos reconnaissances furent poussées jusqu'à

Bray, Hailly et Bouzincourt. Le 17, Faidherbe délo-

Une vue de Saint-Quentin.

gea l'ennemi du bois de Buire, en avant de Péronne,

et occupa Vermand. Le 18, il tint tête à toute l'armée de von Gœben, mais dut pourtant, à la fin de la journée, se retirer sur les hauteurs en avant de Saint-Quentin, où se livra, le lendemain 19, une bataille acharnée. Cette fois, l'armée du Nord fut vaincue ; l'un de ses corps se débanda à la fin de la journée, et Faidherbe dut effectuer sa retraite sur Cambrai et Lille. Les Allemands entrèrent dans la nuit à Saint-Quentin et pillèrent l'un des faubourgs de la ville, qu'ils occupaient pour la seconde fois.

« Cette bataille de Saint-Quentin, remarque M. Jules Claretie, pouvait amener la destruction totale de l'armée du Nord. L'ennemi n'osa point poursuivre Faidherbe. Le vainqueur, qui avait 5,000 hommes hors de combat, se contenta de ramasser nos traînards. Nous avions perdu 3,000 hommes. »

La retraite de l'armée du Nord, dit de son côté M. de Freycinet, « s'effectua avec une habileté remarquée des hommes spéciaux…. Ainsi se terminèrent les opérations de l'armée du Nord, après six semaines d'une des plus rudes campagnes que l'on vît jamais. Le froid descendit plus d'une fois jusqu'au-dessous de 20°. Aussi le repos était-il absolument nécessaire à cette jeune et vaillante armée. Le général Faidherbe, en cantonnant ses soldats dans les principales places fortes, leur dit : « Ce « que vous avez souffert, ceux qui ne l'ont pas vu « ne pourront jamais l'imaginer, et il n'y a per- « sonne à accuser de ces souffrances, les circons- « tances seules les ont causées. »

La résistance à l'invasion ne pouvait, en effet, être continuée plus longtemps. Paris, à bout de ressources, malgré son héroïsme, allait être contraint de capituler ; et la capitulation de Paris, c'était la fin de la guerre. La France était vaincue....

X.

Nous avons vu précédemment que l'empire n'avait
rien prévu et rien fait pour la défense des Vosges.
Cette défense, à laquelle s'étaient déjà spontanément
dévoués plusieurs corps francs, le gouvernement du
4 septembre essaya de l'organiser. Mais il était déjà
bien tard pour cela. Le général Cambriel fut envoyé
dans les Vosges avec mission de relier entre eux tous
les corps francs qui s'étaient formés et de les réunir
à quelques bataillons de mobiles, pour tenter une
action commune dans le but d'empêcher les Allemands
de pénétrer dans le midi de la Lorraine et en Bourgogne.

Malgré tous ses efforts, Cambriel ne put réussir; il arrivait trop tard. Le général de Werder, qui venait de bombarder et de prendre Strasbourg, le refoula au mois d'octobre sur le Jura et Besançon, et, laissant quelques-unes de ses troupes assiéger Phalsbourg et Bitche, qui, nous l'avons vu, résistèrent bravement, il abandonna la poursuite du général français pour se porter sur Dijon.

« Ce corps allemand, dit Henri Martin, tendait vers la route de Lyon et donnait la main, vers le Morvan, à un autre corps qui menaçait le flanc de notre armée de la Loire. Dijon, après une courageuse tentative de résistance, avait été occupé par l'ennemi dès le 31 octobre. Le corps d'armée de Cambriel, réorganisé à Besançon sous un autre général, avait été appelé en Bourgogne; mais, de là, le gouvernement de Tours le mandait sur la Loire pour renforcer notre grande armée. La Bourgogne eût été abandonnée et la route de Lyon découverte, si l'on n'eût préparé à l'ennemi d'autres adversaires.

« Garibaldi était en Bourgogne avec ce qui nous était arrivé de volontaires étrangers : ce vieux chef, souffrant, invalide depuis sa blessure d'Aspromonte, n'ayant plus rien d'entier que le cœur, comme on l'a dit d'un de nos capitaines d'autrefois, Garibaldi, à la tête de deux mille à trois mille Italiens; près des Italiens, quelques centaines d'Espagnols, quelques centaines de Grecs, un émigré polonais, le général Bosak, qui allait se faire tuer à côté de Garibaldi; un colonel américain, qui se fit tuer à l'armée de Chanzy, voilà tout ce que le monde avait donné à la France en échange de tous les flots de sang et de tous les flots d'or versés par la France pour toutes les justes causes. »

Tous ces volontaires de Garibaldi, comme la plupart des corps francs qui faisaient campagne dans cette région, se conduisirent héroïquement, il est bon de ne pas l'oublier. Ils suppléaient à la faiblesse de leur effectif par une audace et une bravoure peu communes. Témoin, entre autres, le corps de francs-tireurs composé d'Alsaciens et de Lorrains à la tête duquel avait été mis un capitaine du génie échappé de Sedan, Bourras, qui fut bientôt, à la suite de diverses actions d'éclat, successivement promu commandant, lieutenant-colonel et colonel. Dès que Bourras fut à la tête de ces hardis partisans, ce fut une suite ininterrompue de combats, toujours heureux, livrés à l'ennemi : Bourras le harcèle sans cesse, le guette, le suit pas à pas, lui fait un mal énorme, et ne se laisse jamais entamer ni surprendre ; il est perpétuellement en contact avec lui.

Pour donner une idée du caractère énergique de Bourras, voici l'admirable lettre qu'il écrivit au général de Werder, à la suite du meurtre d'un de ses hommes par les soldats allemands :

« De mon quartier général de Nuits, novembre 1870.

« Général,

« Je suis ce commandant du corps franc des Vosges qui vous suit depuis la Bourgogne. Les pertes que je vous ai déjà fait subir dépassent deux fois mon effectif.

« Je vous somme, dès aujourd'hui, de faire participer mes troupes aux usages de la guerre, comme belligérants entre peuples civilisés, c'est-à-dire que si mes hommes tombent entre les mains des vôtres, ils auront la vie sauve, ou alors, forcé d'user de représailles, je ferai fusiller à vos avant-postes les nombreux prisonniers que je vous ai faits....

« BOURRAS. »

A cette fière sommation d'un simple chef de francs-tireurs, le tout-puissant général ennemi répondit :

« Dijon, novembre 1870.

« Colonel,

« J'ai reçu votre honorée lettre, m'informant qu'un acte, que je qualifie d'odieux, avait été commis sur la personne d'un de vos francs-tireurs.

« Je regrette ce fait. Je vais ordonner une enquête à ce sujet et faire rechercher les coupables, pour lesquels j'ordonnerai une punition exemplaire.

« DE WERDER. »

Le général allemand tint parole : grâce à Bourras, les irréguliers furent, depuis lors, traités comme belligérants.

Ce fut encore Bourras qui, à la fin de janvier 1871, lors de l'entrée de l'armée de Bourbaki en Suisse, rassembla son corps de francs-tireurs, lui déclara qu'il s'était juré de ne pas déposer les armes, *même entre les mains d'un peuple ami*, et, se mettant à sa tête, parvint à s'échapper en traversant les lignes prussiennes.

« On avait formé pour Garibaldi un petit corps
d'une dizaine de mille hommes, qui s'accrut jusqu'à
quinze ou seize mille, en groupant avec les volontaires
étrangers des francs-tireurs et des mobiles. Il n'y
avait peut-être pas là plus de trois mille hommes
sérieusement exercés. Garibaldi, cependant, d'Autun
où il s'était établi pour couvrir le Morvan, avait résolu
de prendre l'offensive, dès qu'il crut pouvoir compter
sur l'appui d'un autre groupe militaire, arrivé à
Chagny et à Beaune, sous un jeune capitaine échappé
de Metz, Cremer, qu'on avait fait général. Le petit
corps de Cremer se composait principalement de
mobilisés du Rhône, qui firent honneur à Lyon par
leur conduite durant cette campagne. »

Après avoir lancé sur la route de Paris son fils
Riciotti avec un faible détachement, afin de donner
le change à l'ennemi, Garibaldi s'avança à marche
forcée sur Dijon. Il chassa les Prussiens des villages
environnants et pénétra jusqu'au centre de la ville
dans la nuit du 26 novembre. Mais il ne put s'y
maintenir. Sa petite troupe, décimée par le feu des
mitrailleuses allemandes, dut se retirer et rentrer à
Autun, d'où l'ennemi chercha à la déloger quelques
jours plus tard, le 1er décembre, mais sans succès.
Les Allemands furent vigoureusement repoussés
d'Autun par les Garibaldiens, comme ils l'avaient été
de Nuits, le 18 décembre, par la petite troupe du
général Cremer, qui s'était depuis peu établie dans
cette dernière ville, après en avoir chassé un de
leurs détachements.

En somme, « nous n'avions pas réussi à chasser
l'ennemi du nord de la Bourgogne ; mais nous nous

maintenions avec avantage dans le midi de cette province. Nous défendions également le Nivernais, le massif du Morvan, où la nature des lieux favorisait nos corps francs. »

Nous avons vu dans le chapitre VIII que, au commencement de décembre, à la suite de l'évacuation d'Orléans, l'armée de la Loire fut partagée en deux armées, dont l'une, formée des 13e, 18e et 20e corps, fut mise sous le commandement du général Bourbaki. Nous allons retrouver dans l'Est cette armée, avec un effectif grossi de quelques autres troupes. Ses opérations vont maintenant se lier intimement à celles des généraux Garibaldi et Cremer, devenus les lieutenants de Bourbaki.

Après être resté inactif pendant près de trois semaines dans le centre de la France, Bourbaki reçut l'ordre d'avancer dans l'Est, pour faire lever le siège de Belfort, que défendait admirablement le colonel Denfert-Rochereau, et en même temps afin de couper les communications de l'ennemi avec les Vosges et l'Allemagne : son armée prit alors le nom d'armée de l'Est.

Cette diversion hardie du côté de Belfort n'était point mauvaise en principe ; mais, pour lui assurer le succès, il eût fallu agir rapidement et avec résolution. Malheureusement, la marche de l'armée de l'Est fut lente, pénible, irrésolue. Cette lenteur donna aux Allemands tout le temps de concentrer en face de Bourbaki des forces bien plus considérables que celles qu'il aurait eu à combattre, s'il avait précipité sa marche.

« L'expédition ne débuta point heureusement, dit

Henri Martin. L'état-major et les compagnies de chemin de fer s'entendirent mal pour régler le départ des 18ᵉ et 20ᵉ corps, concentrés à Bourges, à Nevers et aux environs.... Les deux corps d'armée, aux ordres des généraux Billot et Clinchant, qui avaient commencé leur mouvement du 20 au 21 décembre, ne se trouvèrent réunis en Bourgogne que du 28 au 29. Ils y furent renforcés par une réserve de quelques milliers d'hommes. Un 24ᵉ corps, organisé à Lyon, arrivait pendant ce temps à Besançon, pour former l'aile droite de l'armée de l'Est. Le petit corps de Cremer devait opérer à l'extrême gauche de l'armée et Garibaldi occuper le nord de la Bourgogne. — L'ennemi, devant ce grand mouvement de forces françaises, venait d'évacuer Dijon et de se replier vers la Haute-Saône. »

Nous verrons à la fin de ce chapitre que les Allemands ne pensaient se retirer de Dijon que provisoirement; car, dès le mois suivant, ils tentèrent de reprendre cette ville de vive force.

Au lieu de profiter de cette retraite de l'ennemi pour avancer vivement, l'armée de l'Est resta presque stationnaire pendant plusieurs jours. Les convois de troupes et les convois d'approvisionnements formaient un tel encombrement sur les lignes de chemin de fer que l'on voulait utiliser pour le transport, que trop souvent hommes et munitions étaient immobilisés sans pouvoir avancer.

« Des détachements de troupes restèrent en place dans les wagons durant trois ou quatre jours, par un froid de 12° à 15°.... Ces fâcheux incidents, ainsi que l'extrême rigueur de la température, neige, gelée, verglas, n'étaient pas les seules causes qui expliquent l'extrême lenteur des mouvements de l'armée. Bourbaki ne voulait entrer en ligne qu'avec toutes ses forces réunies.... »

Or, pendant qu'il attendait ainsi d'avoir sous la main toutes ses troupes, dont l'effectif devait être d'environ 120,000 hommes, les Allemands, selon leur habitude, mettaient le temps à profit pour opérer une concentration sans laquelle ils étaient sérieusement exposés à quelque désastre.

L'armée de l'Est n'arriva à Dijon que le 2 janvier, et elle ne commença une offensive sérieuse que huit jours plus tard, le 9, en attaquant les troupes de Werder à vingt-cinq lieues seulement de Dijon, à Villersexel, près de Vesoul.

Werder, forcé de se replier assez en désordre, se hâta de rejoindre le général Treskow devant Belfort. Bourbaki lui laissa tout le temps de se retrancher fortement sur la Lizaine, à deux lieues en avant de la place assiégée; il ne tenta de l'en déloger que huit jours plus tard, à Chénebier et à Héricourt, mais il échoua.

L'armée de l'Est dut alors reculer et se replier vers Pontarlier et Lyon, car Manteuffel accourait avec des renforts énormes au secours de Werder. En effet, « pendant qu'une partie des troupes prussiennes effectuait une attaque sur Dijon pour y retenir Garibaldi, le gros de l'armée de Manteuffel marchait rapidement sur Pontarlier pour nous couper la retraite. »

Alors commença par un froid excessif cette pénible et terrible retraite de l'armée de l'Est à travers les neiges du Jura, durant laquelle le brave Bourbaki, ne pouvant supporter la pensée de son échec, voulut se tuer : il se tira un coup de revolver dans la tête et ne fit que se blesser. Le commandement de l'armée passa alors au général Clinchant, qui eût réussi, malgré Manteuffel, à conduire tous nos soldats à Lyon, sans un fatal oubli du gouvernement de Paris au moment de la signature de l'armistice, comme nous l'allons voir dans le prochain chapitre.

L'attaque des Prussiens contre Dijon, que nous venons de mentionner plus haut, échoua complètement. Elle eut cependant pour eux l'utilité d'empêcher Garibaldi d'accourir au secours de Bourbaki : c'était d'ailleurs surtout pour arriver à ce résultat que Manteuffel avait envoyé contre Dijon un de ses lieutenants, le général von Kettler. Celui-ci avait toutefois conduit l'attaque avec une grande vigueur. Mais Garibaldi, quoique malade et fatigué, « s'était retrouvé tout entier devant l'ennemi, dit Henri Martin. Après trois jours de combats, où l'on se disputa avec acharnement les villages retranchés qui couvraient Dijon du côté nord, le général Kettler fut repoussé avec d'assez grandes pertes. Le drapeau du régiment Roi-Guillaume resta au pouvoir des Garibaldiens. C'était le second qui eût été enlevé aux Prussiens dans cette guerre ; l'autre avait été pris à Gravelotte. »

Ce fut dans cette héroïque défense de Dijon de janvier 1871 que périt glorieusement un héros polonais, le général Bosak, accouru au secours de la France dès le début de la guerre, et dont le souvenir est resté vivant parmi les Dijonnais.

Bosak — ou plutôt le comte de Hanka, car tel était

son véritable nom — avait été incorporé dans notre armée en qualité de commandant de la 2ᵉ brigade de l'armée des Vosges. Lorsqu'une brigade des 21ᵉ et 61ᵉ régiments d'infanterie prussienne, sous le commandement de von Kettler, se lança à l'attaque de Dijon, elle n'eut tout d'abord devant elle qu'un poste avancé composé d'environ quatre cents mobiles du 42ᵉ régiment.

Nos braves troupiers combattaient désespérément, mais, forcés par les ennemis beaucoup plus nombreux, ils reculaient. Arrivés auprès du petit village de Darois, les officiers français reprirent position, et, d'accord avec le général Bosak, ils décidèrent de résister énergiquement. On espérait ainsi laisser le temps aux renforts d'arriver....

Mais laissons la parole à M. Ledeuil d'Enquin, qui a fait de la façon suivante le récit tragique de la mort de Bosak :

« Les Allemands occupent, en face des Français, un bois touffu. Bosak dirige ses hommes de ce côté, et, à peu de distance de la lisière, il les fait déployer en tirailleurs et commence le combat.

« La fusillade éclate de toutes parts à la fois ; des mobiles tombent ; le général, plein de bravoure, s'aventure toujours, excitant les hommes qui l'entourent, lorsqu'il tombe sous les feux d'une seconde décharge. Aussitôt, d'un bond, il essaye de se relever, cherchant à gagner le fossé de la route ; mais ses forces l'abandonnent, et il retombe immobile sur la neige. Il mourait frappé d'une balle en pleine poitrine.

« Les soldats ennemis, voyant tomber un chef en chemise rouge, se figurent avoir tué Garibaldi lui-même, poussent des hourras frénétiques et sortent en foule du bois. Les quelques combattants qui restent debout battent en retraite. A ce moment, un sergent prussien s'avance vers l'endroit où est tombé le général, s'empare du sabre d'honneur que Bosak avait reçu du grand-duc Michel de Russie, lors d'une expédition au Caucase, et qu'il portait toujours avec lui, et le met à sa ceinture.

« Cependant, l'arrivée de renforts permit de reprendre les lignes abandonnées et de refouler l'ennemi. Le lendemain, les Allemands reprennent l'offensive et sont encore repoussés.... »

XI.

L'armistice. — L'armée de l'Est en Suisse. — L'Assemblée
nationale. — Le traité de paix.

Le 27 janvier 1871, le *Journal officiel* publiait à
Paris la note suivante du gouvernement :

« Tant que le gouvernement a pu compter sur
l'arrivée d'une armée de secours, il était de son
devoir de ne rien négliger pour prolonger la défense
de Paris.

« En ce moment, quoique nos armées soient encore debout, les chances de la guerre les ont refoulées, l'une sous les murs de Lille, l'autre au delà de
Laval; la troisième opère sur les frontières de l'Est.
Nous avons dès lors perdu tout espoir qu'elles
puissent se rapprocher de nous, et l'état de nos
subsistances ne nous permet plus d'attendre.

« Dans cette situation, le gouvernement avait le

devoir absolu de négocier. Les négociations ont lieu en ce moment. Tout le monde comprendra que nous ne pouvons en indiquer les détails sans de graves inconvénients. Nous espérons pouvoir les publier demain. Nous pouvons cependant dire dès aujourd'hui que le principe de la souveraineté nationale sera sauvegardé par la réunion immédiate d'une Assemblée ; que, pendant cet armistice, l'armée allemande occupera les forts, mais n'entrera pas dans l'enceinte de Paris ; que nous conserverons notre garde nationale intacte et une division de l'armée, et qu'aucun de nos soldats ne sera emmené hors du territoire. »

Comme nous l'avons vu à la fin du chapitre VII, l'armistice fut signé à Versailles le lendemain, 28 janvier, et le gouvernement renouvela aux Parisiens l'assurance que la capitale se trouvait dans la nécessité de capituler.

Mais la population parisienne ne voulait pas admettre que la capitulation fût devenue nécessaire. Ainsi que la garde nationale, elle voulait continuer la guerre à outrance. Plusieurs officiers de marine et de l'armée de terre protestaient également contre l'armistice, prélude de la paix. L'effervescence fut donc très grande dans Paris ; elle ne dégénéra cependant point cette fois en émeute. Elle se changea seulement en stupeur douloureuse, lorsque, le 29 janvier, le *Journal officiel* eut annoncé à quelles conditions les Prussiens accordaient l'armistice. En voici les principales :

Tous les forts et leur matériel devaient être immédiatement remis à l'armée allemande, qui, « pendant l'armistice, n'entrerait pas dans la ville de Paris. »

L'enceinte devait être désarmée.

La troupe régulière était déclarée prisonnière de guerre, sauf une division de 12,000 hommes.

Les corps de francs-tireurs étaient dissous.

La garde nationale conservait ses armes.

Une contribution de guerre de 200 millions était imposée à Paris.

Toutes facilités étaient accordées pour le ravitaillement, et un service postal pour lettres *non cachetées* était organisé, afin de rétablir les communications avec la province.

Tout cela pour permettre d'élire une Assemblée qui aurait à décider « si la guerre devait être continuée, ou à quelles conditions la paix pourrait être faite. »

L'armistice suspendait les hostilités jusqu'au 19 février. Ce temps devait être employé à effectuer deux choses fort importantes : le ravitaillement de Paris et les élections.

Dès le 30 janvier parut le décret qui convoquait les électeurs pour le 5 février dans le département de la Seine, et pour le 8 février dans les autres départements. La réunion de l'Assemblée nationale, qui devait être composée de 768 membres (Algérie et colonies comprises), était annoncée pour le 12 février, à Bordeaux.

« Quant au ravitaillement, dit M. G. Martiny de Riez, il s'effectua dans les proportions les plus larges. Les chemins de fer étaient coupés, la Seine obstruée en plus d'un point; on se mit immédiatement à l'œuvre avec la plus grande activité. Les premiers convois de vivres parviennent par les chemins de fer de l'Ouest et du Nord. De nombreux traités passés par le gouvernement avec les négociants de Paris et des départements assurent la promptitude des arrivages. Les farines, le bétail, le poisson, les victuailles de toute sorte ne sont pas seuls à ravitailler les Parisiens. Des milliers de pains tout fabriqués sont aussi transportés par le chemin de fer. Les pays voisins mirent autant de bonne volonté que les départements à envoyer des subsistances à Paris. Les Anglais, et notamment la ville de Londres, firent des souscriptions pour envoyer des vivres aux habitants de Paris. »

Il était temps; car, d'après le bilan des ressources disponibles publié par le gouvernement, la capitale n'avait plus que pour sept jours de vivres, et il fallait bien une semaine pour rétablir et assurer le fonctionnement régulier des arrivages de la province et de l'étranger.

La convention d'armistice, signée dans la soirée du 28 janvier, devait être appliquée à Paris immédiatement, et seulement sous trois jours dans les départements, c'est-à-dire le 31 janvier. Les troupes belligérantes devaient prendre leurs cantonnements dans les positions qu'elles occupaient au moment de la suspension des hostilités. Exception avait été faite pour Belfort et l'armée de l'Est; il était convenu qu'on s'entendrait ultérieurement pour la cessation des hostilités dans cette région.

Par un malheureux oubli, inconcevable même en ce moment où tout le monde était surmené et débordé, le gouvernement de Paris ne signala pas cette exception à la délégation de Bordeaux en lui annonçant l'armistice. Gambetta invita donc par le télégraphe le général Clinchant, aussi bien que Chanzy et que Faidherbe, à suspendre immédiatement les hostilités et à demeurer sur ses positions. Par suite, dès qu'il eut reçu le télégramme de Bordeaux, le général Clinchant prit ses dispositions pour arrêter le mouvement de retraite de ses troupes et les faire camper le moins mal possible dans les neiges du Jura.

Mais, « pendant que l'armée française, sur la foi de l'armistice, avait cessé son mouvement, raconte mon excellent ami Martial-Moulin dans ses sincères et fort intéressants *Récits de guerre*, l'armée allemande avait continué le sien, et elle s'emparait, sans trouver aucune résistance, des défilés par lesquels l'armée française aurait pu se replier sur Lyon. Le général Clinchant, instruit de cela, avait protesté auprès du général ennemi contre cette violation de l'armistice. Le mouvement de l'ennemi s'était continué, malgré ces protestations. Alors le général Clinchant, ne sachant que penser, se tenait sur ses gardes et se hâtait de rassembler ses troupes ; ce n'était, disaient les généraux, qu'un simple malentendu ; sans doute tout allait s'éclaircir bientôt. »

Tout fut, en effet, éclairci deux jours plus tard par une nouvelle dépêche de Bordeaux annonçant au général Clinchant que « les hostilités continuent devant Belfort et dans le Doubs, le Jura et la Côte-d'Or, jusqu'à entente. »

Seulement, pendant ces deux jours perdus par

l'armée française, qui s'était astreinte à demeurer immobile, le temps avait été trop bien employé par les Allemands, qui sans scrupule avaient mis à profit le funeste oubli du gouvernement de Paris et nous coupaient maintenant toute la ligne de retraite sur Lyon.

« Le général Clinchant dut se résigner à jeter son armée en Suisse, dit Henri Martin, pour qu'elle n'eût pas le sort des armées de Sedan et de Metz. Il annonça cette cruelle nécessité à ses soldats par un ordre du jour triste et digne. Il demandait à son armée un effort suprême, afin de n'abandonner à l'ennemi ni un homme ni un canon.

« Cet effort, il l'obtint. Il avait confié la charge d'assurer la retraite au 18ᵉ corps, que commandait le général Billot, renforcé de la division Cremer et de la réserve du général Pallu de la Barrière.

« Cette arrière-garde honora le malheur de notre armée par un dernier combat où elle défendit avec succès les gorges voisines du fort de Joux. Ce fut là que périt l'intrépide colonel Achilli, qui allait au feu depuis deux mois avec des blessures ouvertes. Il tomba en chassant les Prussiens d'un défilé où ils avaient pénétré. Les attaques de l'ennemi furent repoussées avec perte, et le gros de l'armée put franchir la frontière en aussi bon ordre que le permettaient la difficulté des lieux et les souffrances de nos troupes (1ᵉʳ février). Nos soldats déposèrent leurs armes en entrant en Suisse, conformément à la convention arrêtée entre Clinchant et le commandant des forces militaires helvétiques.

« Notre malheureuse armée trouva, sur cette terre

M. THIERS

hospitalière, un accueil fraternel que la France n'oubliera jamais. Un lien d'estime et de sympathie d'un côté, de reconnaissance de l'autre, se noua entre nos réfugiés et leurs hôtes, émus de la dignité et de la douceur que conservaient nos soldats dans leur infortune. Les dames suisses, aux ambulances, furent admirables d'ingénieuse bonté. »

Le 12 février 1871, l'Assemblée nationale se réunit pour la première fois au Grand-Théâtre de Bordeaux, dont l'immense et magnifique salle avait été aménagée à cet effet. Dès le lendemain, Jules Favre vint lire la déclaration par laquelle tous les membres du gouvernement de la Défense nationale déposaient leurs pouvoirs entre les mains du président de l'Assemblée. Celle-ci n'avait encore à sa tête qu'un président d'âge, M. Benoist d'Azy ; ce fut seulement le 16 qu'elle élut à la presque unanimité son président définitif. Elle choisit pour cette haute et importante fonction M. Jules Grévy, qui devait plus tard devenir le premier magistrat de la République.

Puis, M. Thiers, qui avait été élu député dans vingt-six départements et par plus de deux millions de voix, fut nommé par l'Assemblée chef du pouvoir exécutif. Il accepta patriotiquement le fardeau du pouvoir en ce cruel moment où ses fonctions allaient le mettre aux prises avec le comte de Bismarck, pendant la discussion des divers articles du pénible traité de paix que nous étions maintenant dans la triste nécessité de subir et de signer.

La préparation et la discussion des clauses et conditions de ce traité prirent plus de temps qu'on ne le supposait tout d'abord. L'armistice dut être prolongé, pour permettre d'en achever l'élaboration. Les préliminaires furent enfin signés à Versailles le 26 février, et ratifiés le 1er mars par l'Assemblée de Bordeaux.

Les conditions que nous imposait Bismarck étaient cruelles ; sans l'insistance patriotique de M. Thiers, elles auraient été plus cruelles encore. Le chancelier prussien voulait toute l'Alsace et la Lorraine, même Belfort, que ses canons n'avaient pu entamer.

« M. Thiers, raconte Henri Martin, réclama Belfort avec une obstination héroïque. La frontière du Rhin perdue, nos limites refoulées sur les Vosges et sur le Jura, il restait une frontière susceptible de défense, si la trouée entre le Jura et les Vosges était fermée par la place de Belfort. A bout de sacrifices, M. Thiers se montra décidé à ne plus reculer. Jules Favre a raconté cette scène tragique. Il fait voir le défenseur de la France, « la voix brisée..., les pa-
« roles entrecoupées..., éclatant en plaintes, en
« menaces, en prières.... »

« Eh bien ! vous nous refusez : c'est avouer que
« vous avez résolu contre nous une guerre d'exter-
« mination ; faites-la ! Ravagez nos provinces ; brû-
« lez nos maisons ; égorgez les habitants ; achevez
« votre œuvre ! Nous vous combattrons jusqu'au
« dernier souffle. Nous pourrons succomber ; au
« moins, nous ne serons pas déshonorés ! »

« Bismarck hésita. Il ne voulait pas rompre. Il en référa à de Moltke et à l'empereur ; puis il revint annoncer que l'empereur renoncerait à l'entrée de l'armée dans Paris, si la France renonçait à Belfort.

« Les négociateurs français ne balancèrent pas.

« Rien, dit M. Thiers, n'égalera les douleurs de Paris
« ouvrant ses portes et ses murailles intactes à
« l'ennemi qui n'a pas su les forcer. Il boira cepen-
« dant le calice jusqu'à la lie, pour conserver à la
« patrie un coin de son sol et une cité héroïque. »

« Paris avait souffert quatre mois de misères et de
lutte à outrance pour Strasbourg et pour Metz. Il
allait, comme le disait M. Thiers, souffrir pour Belfort une humiliation imméritée. Belfort nous resta. »

En revanche, selon le désir de M. de Bismarck,
30,000 hommes de l'armée allemande entrèrent à
Paris par la porte Maillot et occupèrent pendant trois
jours, les 1er, 2 et 3 mars, le faubourg Saint-Honoré
et les Champs-Elysées.

Quant au traité de paix dont les préliminaires
avaient été signés à Versailles et qui ne fut définitivement signé à Francfort que le 10 mai, voici quelles
en étaient les clauses principales :

Nous cédions à l'empire allemand toute l'Alsace
(moins Belfort et ses environs) et le tiers de la Lorraine, c'est-à-dire les arrondissements de Metz, de
Thionville et de Sarreguemines dans la Moselle, ceux
de Château-Salins et de Sarrebourg dans la Meurthe,
et deux cantons de l'arrondissement de Saint-Dié
dans les Vosges, ce qui représente une superficie de
quatorze mille cinq cents kilomètres carrés, peuplée
de 1,638,000 habitants.

Nous nous engagions en outre à payer, dans l'espace de trois ans, une contribution de guerre de cinq
milliards de francs.

Quant aux Allemands, ils prenaient, de leur côté,
l'engagement de faire immédiatement évacuer par

leur armée tous les forts de la rive gauche de la Seine et tous les départements situés au midi de ce fleuve. Ils se réservaient de continuer à occuper, jusqu'à parfait et intégral payement de la contribution de guerre, nos départements de l'Est. La solde et l'entretien des troupes qu'ils y laissaient demeuraient à notre charge.

Le sacrifice était consommé : l'Alsace et la Lorraine, ces deux pays si français par le cœur, devenaient allemands, et nous devions payer une indemnité de cinq milliards. Il avait bien fallu s'incliner devant les prétentions exorbitantes et les exigences des vainqueurs.

Nul Français n'a le droit d'oublier les articles de ce fatal traité de Francfort, qui nous fut brutalement imposé par la loi du plus fort, et qui devait, dans la pensée de nos vainqueurs, ruiner à jamais notre prospérité industrielle et commerciale. Il n'en fut rien, fort heureusement, grâce à l'extraordinaire vitalité de la France. Notre patrie n'a pas succombé sous les charges qui lui étaient imposées, mais elle doit se souvenir....

FIN.

TABLE.

FIN DE LA TABLE.

Rouen. — Imp. MÉGARD et Cⁱᵉ, rue Saint-Hilaire, 138.